JN412051

포르투갈어 표준 교재 A1

본 교재는 2018년 정부(교육부 국립국제교육원) '특수외국어교육 진흥 사업'의
지원을 받아 수행된 결과입니다. (CFL-한국외-2018-포브-C-1)

Até,

Material Didático Padronizado

Português

포르투갈어 표준 교재

임소라 • 이승용

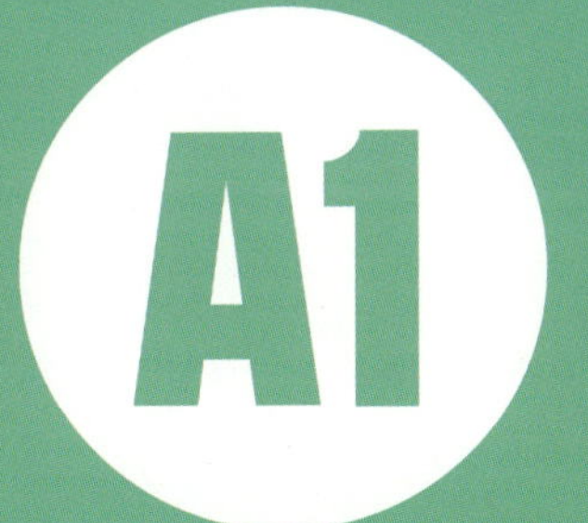

Bom dia.

amanhã!

HU:iNE

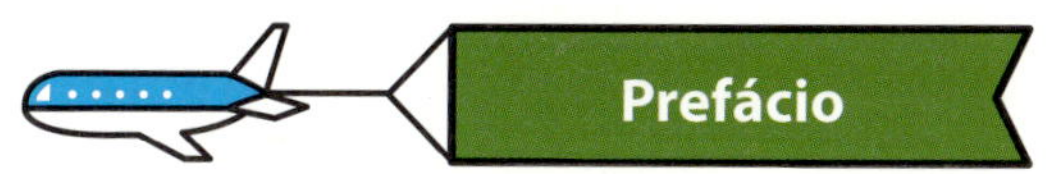

머리말

4차 산업혁명 시대를 맞아 더욱 다변화될 해외시장 및 복잡해진 글로벌 환경 속에 국익을 대변하기 위해 다양한 외국어를 이해하고 표현하는 능력은 반드시 갖추어야 할 역량이 되었다. 특히 세계 경제의 글로벌화로 인한, 국내기업의 신흥시장 국가로의 진출 확대, 전략적 자원외교 및 공공외교 대상 국가의 확대 등으로 특수지역의 언어를 능숙하게 구사할 필요성은 더욱 증가하고 있다.

로망스어에 어원을 두고 라틴어를 토대로 발전한 포르투갈어는 2019년 현재 유럽, 라틴아메리카, 아프리카, 아시아에 이르는 세계 4개 대륙에 걸쳐 총 9개국의 2억7천9백만 명을 웃도는 인구가 사용하고 있으며, 전 세계에서 통용되는 4,000개의 언어 중 중국어, 영어, 힌디어, 스페인어, 아랍어에 이어 여섯 번째로 많이 사용되는 언어이자, 1996년 창설된 포르투갈어 사용국 공동체 CPLP(Comunidade dos Países de Língua Portuguesa)를 포함하여 여러 국제기구에서 사용되고 있는 공식 언어로, 과거 해상무역제국으로 군림하던 포르투갈(1천만 명)과 남아메리카의 맹주 브라질(2억8백만 명)을 비롯해, 앙골라(3천만 명), 모잠비크(2천7백만 명), 기니비사우(183만 명), 적도기니(79만 명), 카보베르데(56만 명), 상투메 프린시페(20만 명), 동티모르(132만 명) 등 광범위한 지역에서 사용되고 있다. 이 밖에도 1999년 중국에 반환된 마카오(60만 명) 역시 16세기 중반부터 450여 년에 걸친 포르투갈 식민통치의 영향으로 현재까지도 포르투갈어를 공식 언어로 사용하고 있다.

포르투갈어권 9개국은 경제 규모에 있어 세계 10위권 안에 위치하며, 풍부한 인적자원과 천연자원으로 세계의 주목을 받고 있어 포르투갈어의 중요성은 나날이 높아져 가고 있다. 실제로 한국과 포르투갈어 사용국들 간의 경제-민간 교류가 크게 확장되면서 다양한 공공부문과 민간부문에 있어 포르투갈어 전문가 수요도 증가하고 있다. 이러한 연유로, 공공부문 및 민간부문 그리고 학술부문 전반에 걸쳐 포르투갈어 교육에 대한 수요가 더욱 가속화될 것으로 기대되며, 포르투갈어 교육을 토대로 한 포르투갈어권 전문 인력 양성이 그 어느 때보다 절실히 요구되고 있다.

이러한 대내외 환경의 변화에 발맞춰 본 포르투갈어 표준 교재는 외국어로 포르투갈어를 배우는 국내 고등교육기관에 재학 중인 전공생들 및 일반인들의 포르투갈어 의사소통 능력과 포르투갈어권 지역 문화에 대한 이해력을 제고하여 한국과 포르투갈어권 지역 문화 공동체 간의 산·관·학 교류 활성화에 이바지할 수 있는 전문 인재를 양성하는 데 기여하고자 하는 목적에서 마련되었다. 이는 다양한 형태의 교수·학습이 이루어지고 있는 현재의 포르투갈어 교육 현장을 하나의 통일된 교육 모형으로 재편성하고자 함이 아닌, 포르투갈어 교육의 다양성을 담보하고 국내 교육환경과 같이 상이한 교수·학습 대상과 상황에서 적절하게 변형하여 적용할 수 있는 융통성 있고 탄력적인 준거를 마련하고자 함이다.

본 교재에 수록된 포르투갈어 A1 단계 교육과정의 교수·학습 내용은 국내외 외국어로서의 포르투갈어 교과 편제 및 교육 시수 등을 전반적으로 비교·분석한 결과를 토대로 구성되었으며, 대한민국 특수외국어교육진흥사업의 일환으로 개발된 포르투갈어 A1 단계 표준 교육과정에 따라 한국어 화자의 눈높이에 맞춰 국내 연구진에 의해 개발된 최초의 포르투갈어 통합 교재라는 점에서 그 의의가 크다고 할 수 있다. 또한 사회적 요구에 따라 다양한 층위에서 이루어지고 있는 포르투갈어 교수·학습이 적합하게 진행되고 있는지를 판단하는 객관적인 준거로서, 각기 다른 등급 체계, 학습목표 및 내용으로 이루어지고 있는 국내외 포르투갈어 교육 현장의 유기적인 연관성 확보를 제고할 수 있는 기본 원칙으로서의 '포르투갈어 A1 단계 교육의 참조 기준'을 제시할 수 있을 것으로 기대된다. 이를 통해, 포르투갈어 학습자들에게 뚜렷한 단계별 학습목표를 제시하고 이를 성취할 수 있는 학습활동을 제공함으로써, 학업 성취도 제고 및 수준별 성취도 측정의 균질성 확보에도 이바지할 수 있을 것으로 기대된다.

2019년 11월

저자들

일러두기

본 교재는 외국어로서의 포르투갈어 교육에 있어 한국어 화자에게 적합한 입문(A1) 단계의 학습목표와 학습 내용을 제시하여 기초문법부터 듣기, 말하기, 읽기, 쓰기의 전 영역을 아우르는 통합형 학습모델의 토대를 마련하고자 개발되었다.

집필 방향

- 본 교재는 특수외국어교육진흥사업의 일환으로 브라질에서 사용되는 포르투갈어에 초점을 맞춰 '입문'(A1), '초급'(A2), '중급'(B1), '중상급'(B2), '상급'(C1), '최상급'(C2) 단계로 개발될 단계별 학습교재의 입문서이다.

- 본 교재는 통합형 학습모델 개발을 목표로, 듣기, 말하기, 읽기, 쓰기의 4개 영역이 단원별 학습목표와 성취기준에 맞게 고루 구성될 수 있도록 배치하였으며, 이 네 가지 언어 기능을 점진적으로 함양할 수 있도록 구성하되 가급적 한두 가지 기능 이상을 통합적으로 사용할 수 있는 능력을 신장할 수 있도록 구성하였다.

- 의사소통의 정확성과 유창성 향상을 위한 기본 어휘, 발음, 문법과 관련된 포르투갈어 지식에 대한 기초 학습이 이루어질 수 있도록 구성하였으며, 일상생활에서 접할 수 있는 친숙한 주제 및 상황으로 이루어진 대화문, 텍스트, 과제를 통해 주요 내용, 표현, 발음 등을 실질적으로 파악하고 활용하는 데에 초점을 맞추어 집필하였다.

- 브라질 사회·문화에 대한 기초적인 정보를 포함하여 현지인들이 일상생활에서 사용하는 기초적이고 실재성 있는 어휘와 표현의 사회·문화적 함의를 이해할 수 있도록 고려하였다. 이를 통해 현지의 다양한 사회·문화적 가치, 관습, 규범, 체제에 대한 인식을 제고하여 의사소통 상황별로 적절하게 사용할 줄 아는 능력을 함양하고자 하였다.

- 본 교재의 주제, 어휘, 문법, 의사소통 기능, 상황 등의 선정 및 배열 등은 국내 포르투갈어 교육 현장의 특수성을 우선적으로 고려하여, CEFR, ACTFL-OPI, CELPE-BRAS 등의 포르투갈어 능력 평가 척도의 숙달도 지침과 '포르투갈어 표준 교육과정'에서 제시하고 있는 단계별 언어 수행 목표를 탄력적으로 반영하여 구성하였다.

✔ 교재 구성

- 본 교재는 포르투갈어 입문 단계에서 학습자가 경험할 수 있는 상황을 크게 12개 단원으로 나누어 편성하였다.

- 1개 단원은 기본적으로 평균 4시간의 교수·학습 내용으로 구성하였으며, 학습자 수, 교실의 크기 및 구조, 교수·학습 기자재, 교수·학습 자료 등의 학습환경 및 학습자의 학습 배경, 성취도 등을 고려하여 교수·학습 계획은 유연하게 적용할 수 있다.

- 본 교재의 첫 페이지는 학습목표와 삽화, 질문으로 구성되어 있다. 삽화를 통해 각 단원의 주제와 주요 구문을 파악할 수 있도록 의도하였으며, 단원별로 '포르투갈어 표준 교육과정'에서 제시된 입문 단계의 816개 단어를 바탕으로 상황별 기초 언어 역량 배양에 필수적인 기본 어휘, 언어 형식(패턴), 문법을 활용한 대화문과 텍스트를 MP3파일과 함께 제공하여 학습자가 듣고 따라 읽거나 연습문제 등을 통해 익힌 표현들을 활용함으로써 학습 내용을 재확인할 수 있도록 구성하였다. 주요 문법 사항은 항목별로 간략하게 설명하여 정리하였으며, 관련 예문 및 형태 등은 입문 학습자가 쉽게 접근할 수 있도록 우리말 해석과 함께 제시하였다.

- 단원마다 브라질 사회·문화와 관련된 읽기용 텍스트를 배치하여, 각 단원의 학습 내용을 스스로 정리하고 브라질의 다양한 지역과 문화의 특색을 한국과 비교하여 올바르게 이해할 수 있도록 하였다.

- 본 교재의 말미에는 포르투갈어를 처음 접하는 초보자가 반드시 숙지해야 할 입문(A1) 단계의 주요 어휘들을 정리하여 소개함으로써 학습목표 달성의 유용한 길잡이로 활용할 수 있도록 하였다.

차례

A1 교재 구성표

단원	제목	학습목표	주요 구문 & 문법
1	Bem-vindo! 어서 와!	전 세계 포르투갈어 사용국에 대해 알아보고, 포르투갈어의 기본적인 특징을 파악할 수 있다.	• 알파벳과 발음 • 음절과 강세 • 명사와 형용사의 성과 수
2	Vamos lá! 자, 시작해보자!	포르투갈어 모음과 자음의 개별 특징을 이해할 수 있다.	• 단모음과 이중모음 • 자음
3	Olá. sou Maria. 안녕, 난 마리아야.	상황별 인사말과 자기소개에 필요한 기본적인 어휘와 문법을 이용하여 묻고 답할 수 있다.	• 인칭대명사 • 기본문형: 평서문, 의문문, 부정문 • ESTAR 동사의 직설법 현재 • SER 동사의 직설법 현재 • IR 동사의 직설법 현재 • 정관사와 부정관사 • 전치사 DE와 관사의 결합형 • 소유형용사와 소유대명사 • Como está/vai? • Qual é ~ ? • Sou de ~ .
4	Eu amo a minha família! 난 내 가족을 사랑해!	가족 구성원을 소개할 때 필요한 기본적인 어휘와 문법을 사용하여 가족 관계를 묻고 답할 수 있다.	• 직설법 현재 제1변화 동사: -AR동사 • FAZER, HAVER, TER 동사의 직설법 현재 • 지시사와 장소 부사 • 전치사 EM과 결합형 • 기수 0~100 • MUITO의 형용사형과 부사형의 비교 • Há/Tem ~ em ~ . • Este é ~ . • Quantos anos ~ tem? • O que ~ faz? • Faz/Há ~ que ~ .
5	Moramos num apartamento. 우리는 아파트에 살아.	사는 곳에 대해 이야기할 때 필요한 어휘와 문법을 활용하여 사는 곳의 위치와 기본 정보를 묻고 답할 수 있다.	• 직설법 현재 제2변화 동사: -ER동사 • MORAR 동사와 VIVER 동사의 비교 • ESTAR 동사와 FICAR 동사의 비교 • 전치사 DE와 지시사/장소 부사의 결합형 • 서수 • Moro/Vivo em ~ . • Onde fica ~ ? • Como é ~ ?
6	Que horas são? 몇 시니?	일상생활을 표현할 때 필요한 기본적인 어휘와 문법을 사용하여 일과와 주간 계획을 묻고 답할 수 있다.	• 직설법 현재 제3변화 동사: -IR동사 • 조동사 PODER와 SABER 동사의 비교 • COSTUMAR 동사의 직설법 현재 • 재귀대명사와 재귀동사 • 현재분사 • 전치사 A와 결합형 • Que horas são? • Que dia é hoje? • A que horas ~ ?

듣기 1	듣기 2	어휘	읽기 & 쓰기	문화
알파벳 구분하기	발음과 강세 구분하기	-	-	포르투갈어의 현재와 브라질
모음과 자음의 발음 구분하기	-	-	-	브라질 소개
만나고 헤어질 때 인사하기, 안부 묻고 답하기	이름 말하기, 국적 표현하기	국명, 국적 형용사, 건강, 기분을 나타내는 형용사	SNS에서 자기소개 하기	SNS에서 많이 쓰는 포르투갈어 줄임말 표현
소개하기, 관계 묻고 답하기, 직업 묻고 답하기	-	가족 관계 명칭, 성격, 외모를 나타내는 형용사, 직업 명칭	가족 구성원 소개하기	브라질 사람들의 이름과 닉네임
사는 곳 묻고 답하기, FICAR 동사를 활용한 위치 묻고 답하기, 주거 환경 묻고 답하기	HAVER, TER 동사를 이용한 사는 곳 내부 묘사하기	주거 관련 표현, 위치 관련 표현, 가전제품, 가구 명칭	사는 곳 소개하기	브라질 대학생들의 주거 형태
시간과 일상 표현하기	날짜와 요일 표현하기	날짜 및 요일 명칭, 시간 표현	일상생활 소개하기	브라질의 국경일과 절기

단원	제목	학습목표	주요 구문 & 문법
7	Hoje faz sol! 오늘은 화창해!	계절, 날씨, 감정·상태, 선호·취향을 표현할 때 필요한 기본적인 어휘와 문법을 이용하여 관련 정보를 묻고 답할 수 있다.	• GOSTAR, PREFERIR 동사의 직설법 현재 • 직설법 미래형과 'IR 동사원형' 구문의 비교 • 감탄문 • 현재진행형 • Que ~ ! • Gosto de ~ . • Prefiro ~ a ~ .
8	Como faço para chegar lá? 거긴 어떻게 가?	이동의 목적과 수단에 대해 관련 어휘와 문법을 활용하여 기초적인 수준에서 묻고 답할 수 있다.	• PRECISAR 동사의 직설법 현재 • 조동사 DEVER와 'HAVER/TER DE/QUE 동사원형' 구문의 비교 • 전치사 POR와 정관사의 결합형 • Vou de ~ . • Para onde vai ~ ? • Por onde passa ~ ? • Quanto tempo demora/leva?
9	Estou com fome ... 나 배고파 ...	신체 상태 및 음식 주문과 관련된 표현과 기본적인 완곡어법을 익혀 격식에 맞게 사용할 수 있다.	• 'ESTAR COM 추상명사'와 'TER 추상명사' 구문의 비교 • PEDIR, QUERER 동사의 직설법 현재 • CONHECER 동사와 SABER 동사의 비교 • 직설법 완전과거 제1변화, 제2변화 동사: -AR동사, -ER동사 • 완곡어법 • Que tal ~ ? • Gostaria de/Queria ~ ? • Poderia ~ ?
10	Vamos às compras? 우리 쇼핑 갈까?	패션 및 쇼핑과 관련된 기본적인 어휘와 문법을 활용하여 관련 정보를 묻고 답할 수 있다.	• 목적격대명사 • VESTIR-SE 동사의 직설법 현재 • 직설법 완전과거 제3변화 동사: -IR동사 • ESTAR, IR 동사의 직설법 완전과거 • Posso provar ~ ? • Qual é seu tamanho?
11	O que você faz no tempo livre? 넌 한가할 때 뭐 해?	취미·여가와 관련된 기본적인 표현들을 익혀 의견을 묻고 답할 수 있다.	• LER, OUVIR, VER 동사의 직설법 현재 • 비교급 • Qual é seu passatempo? • O que você acha?
12	Quer ir ao cinema comigo? 나랑 영화 보러 갈래?	주말 계획과 관련된 표현들을 사용하여 상대방을 초대하거나 상대방의 초대를 수락 혹은 거절할 수 있다.	• 부정형용사와 부정대명사 • 전치사목적격대명사의 결합형 • SER 동사의 직설법 완전과거 • O que você vai fazer ~ ? • Você tem algum plano especial ~ ?

듣기 1	듣기 2	어휘	읽기 & 쓰기	문화
계절별 날씨 묻고 답하기	상황별 날씨 묻고 답하기	계절 명칭, 날씨 관련 표현	계절별 특징과 선호·취향 표현하기	브라질의 지역별 특색
목적지와 이동수단에 대해 묻고 답하기	-	교통수단 명칭, 방향 관련 표현, 도시, 장소 명칭	위치와 이동수단 표현하기	브라질의 대중교통
경험과 선호도에 대해 묻고 답하기, 의견에 동조하거나 반대하기	메뉴 주문하고 계산하기	음식, 음료, 디저트, 과일, 간식류 명칭	주간 식단에 대해 소개하기	브라질의 커피
물건 구경하고 구매하기	-	옷과 소지품 명칭, 색깔 명칭, 물건의 가치, 상태를 나타내는 형용사	시간의 순서에 따라 서술하고 상태 묘사하기	브라질의 복식 문화
여가 시간에 대해 묻고 말하기, 제안하기와 응대하기	-	취미, 스포츠 명칭	취미 소개하기	브라질의 축구
주말 계획 묻고 답하기, 초대하기와 응대하기	주말 약속 잡기	영화, 공연, 전시, 스포츠 관람 관련 표현	주말 계획 소개하기, SNS에서 초대(제안)하기	브라질의 영화와 음악

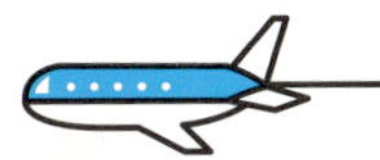

UNIDADE I

Bem-vindo!
어서 와!

Metas de aprendizagem 학습목표

- 전 세계 포르투갈어 사용국에 대해 알아보기
- 포르투갈어의 기본 특징 파악하기

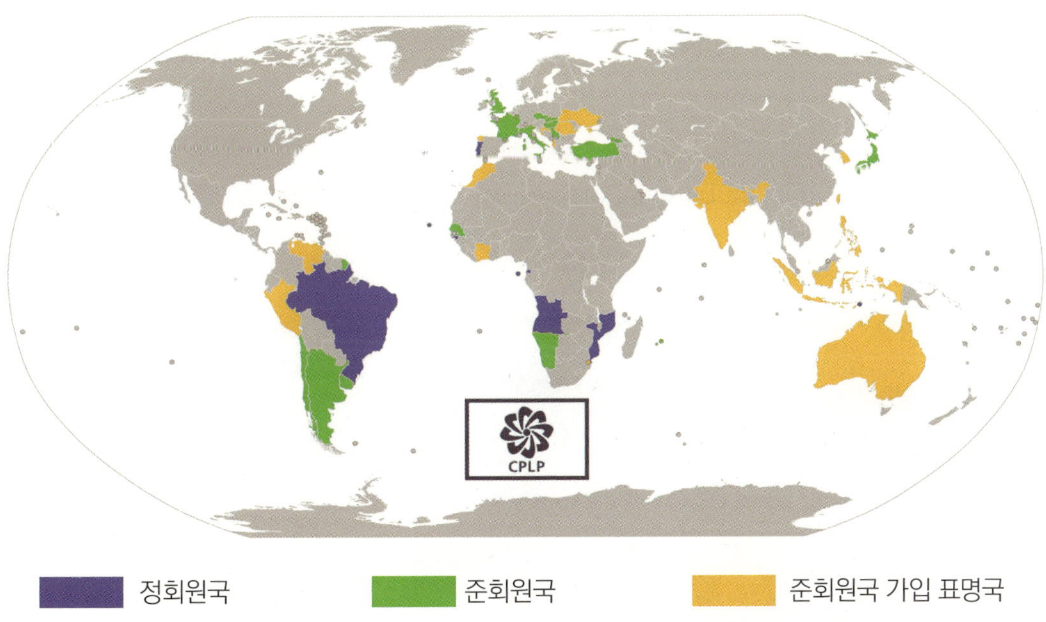

정회원국 준회원국 준회원국 가입 표명국

ENTRANDO NO ASSUNTO ...

1. 전 세계에서 포르투갈어를 쓰는 나라는 어디일까요?
2. 포르투갈어를 사용하는 나라들에 대해 알아봅시다.
3. 포르투갈어를 공용어로 사용하는 국가의 명칭을 빈칸에 채워 넣어보세요.

Comunidade dos Países de Língua Portuguesa 포르투갈어사용국공동체

현재 약 2억 7천 9백만 명이 사용하는 포르투갈어는 전 세계에서 통용되는 4,000개의 언어 중에 여섯 번째로 많이 사용되는 언어이자, 1996년 7월 17일 창설된 포르투갈어사용국공동체(CPLP)를 포함하여 여러 국제기구에서 사용되고 있는 공식 언어로, 유럽, 라틴아메리카, 아프리카, 아시아에 이르는 세계 4개 대륙에 걸쳐 총 9개국의 공식 언어로 사용되고 있으며, 과거 해상무역제국으로 군림하던 포르투갈과 남아메리카의 맹주 브라질을 비롯해 앙골라, 모잠비크, 카보베르데, 기니비사우, 적도기니, 상투메 프린시페, 동티모르, 마카오 등 전 세계적으로 널리 사용되는 언어입니다.

포르투갈어를 공식 언어로 사용하는 국가 간 상호 이해와 우호 협력 증진을 위해 출범한 포르투갈어사용국공동체의 본부는 포르투갈 리스본에 소재하고 있으며, 조직에는 9개국의 정회원국과 19개국의 준회원국이 있습니다. 또한 우리나라를 비롯한 전 세계 10개국이 포르투갈어사용국공동체의 준회원국 가입을 표명하고 있습니다. 포르투갈어사용국공동체 회원국들은 매년 5월 5일을 '루소폰 문화의 날'(Dia da Cultura Lusófona)로 지정하여 기념하고 있으며, 2002년 카보베르데 프라이아에 국제포르투갈어연구소(Instituto Internacional da Língua Portuguesa, IILP)를 설립하여 포르투갈어의 전파와 보급에 힘쓰고 있습니다.

ALFABETO 알파벳 

순서	알파벳		명칭	음가
	대문자	소문자		
1	A	a	아	아, 앙
2	B	b	베	ㅂ
3	C	c	쎄	ㄲ, ㅆ
4	D	d	데	ㄷ, ㅈ
5	E	e	에	애, 에, 엥, 이
6	F	f	애피	ㅍ
7	G	g	줴	ㄱ, ㅈ
8	H	h	아가	-
9	I	i	이	이, 잉
10	J	j	죠따	ㅈ
11	K	k	까	ㄲ
12	L	l	앨리	ㄹ, 우
13	M	m	에미	ㅁ, ㅇ
14	N	n	에니	ㄴ, ㅇ
15	O	o	오	어, 오, 옹, 우
16	P	p	뻬	ㅃ
17	Q	q	께	ㄲ
18	R	r	애히	ㄹ, ㅎ
19	S	s	애씨	ㅆ, ㅅ, ㅈ
20	T	t	떼	ㄸ, ㅊ
21	U	u	우	우, 웅
22	V	v	베	ㅂ
23	W	w	다블류	우, ㅂ
24	X	x	쉬스	쉬, ㅈ, ㅅ, ㅆ, ㄱㅆ
25	Y	y	입실롱	이
26	Z	z	제	ㅈ, ㅆ

- k, w, y는 무게 혹은 길이와 같은 측정단위나 화학용어, 외래어에만 쓰인다.
- 26개의 알파벳 문자 이외에도, c의 'ㅆ'발음 표기를 위해 ç [쎄-쎄질랴]가 보조적으로 사용된다.

ORALIDADE 1 듣기 1 

A. Ouça e repita.

음성을 듣고 따라 읽어보세요.

A	B	C	D	E	F	G	H	I
J	K	L	M	N	O	P	Q	R
S	T	U	V	W	X	Y	Z	

B. Ouça e assinale.

음성을 듣고 해당하는 알파벳을 찾아보세요.

1	B ☐	P ☐	D ☐
2	G ☐	Q ☐	T ☐
3	P ☐	T ☐	D ☐
4	J ☐	G ☐	Z ☐
5	L ☐	M ☐	N ☐
6	V ☐	F ☐	P ☐
7	Z ☐	S ☐	C ☐
8	R ☐	L ☐	M ☐

A LÍNGUA PORTUGUESA 포르투갈어 

A. 포르투갈어의 특징

라틴어에서 기원한 포르투갈어의 명사는 단수, 복수의 2수와 남성, 여성의 2성과 함께 통성명사가 있으며, 명사의 성과 수에 따라 관사 및 형용사 등이 규칙적으로 변화하는 문법적 일치의 체계를 갖고 있다. 대개 남성형은 -o, 여성형은 -a로 끝나지만 불규칙적으로 각기 다른 형태로 변화하기도 한다.

	남성	여성
명사	aluno	aluna
	estudante	

※ 실제로는 남성과 여성의 구별이 있어도 문법상으로는 하나의 성만 갖는 명사도 있다.

- a criança 어린아이
- o bebê 아기

모음으로 끝나는 명사의 복수는 어미에 's'를 첨가하면 되지만, 자음으로 끝나는 명사들은 불규칙적으로 각기 다른 형태로 변화하기도 한다.

	단수	복수
남성명사	aluno	alunos
여성명사	aluna	alunas
통성명사	estudante	estudantes

포르투갈어의 동사는 1, 2, 3인칭과 단수, 복수의 형식에 따라 6가지 형태로 활용되며, 직설법(기본형), 접속법, 명령법, 과거미래, 인칭부정법의 5개의 서법에 따라 각기 다른 활용 형태가 존재한다. 대체로 기본형인 직설법이 가장 많이 사용되는데, 직설법은 과거, 현재, 미래의 3개의 시점과 각각의 완료, 미완료의 구분에 따라 총 5가지의 활용 형태를 갖고 있다.
이러한 일반적 특징 이외에도, 포르투갈어는 지역에 따라 크게 유럽식과 브라질식으로 구분되며 발음, 문법, 어휘 등의 사용 측면에서 상당한 차이를 나타낸다. 그 차이는 영국식 영어와 미국식 영어에 비해 좀 더 크다고 할 수 있는데, 다인종·다문화 국가로 혼혈인구의 수가 국민 대다수를 차지하는 브라질식 포르투갈어는 지속적인 문화접변으로 인해 보다 다양하고 복잡한 언어적 변용 과정을 거쳐 왔기 때문이다.

B. 포르투갈어의 강세

총 26자의 포르투갈어 알파벳은 a, e, i, o, u의 5개의 모음과 그 외 21개의 자음으로 구성되어 있다. 자음의 경우에는 기본적인 음가만 익히면 쉽게 따라 읽을 수 있지만, 모음의 경우에는 크게 열린음(´, agudo [a.gˈu.dʊ])과 닫힌음(^, circunflexo [siɾ.kũ.flˈɛ.kə.sʊ]) 그리고 비음(˜, til [tʃˈiw])으로 구분되는 3가지 강세부호에 따라 발음에 변화가 생기기 때문에 이에 유념해서 발음해야 한다. 이 밖에도 '`'(grave [gɾˈa.vi])라고 불리는 강세부호가 있으나, 문법상의 기능만 가질 뿐 발음의 차이는 없으며 열린음과 동일하게 발음된다.

1. 규칙 강세

① 일반적으로 강세는 뒤에서 두 번째 음절에 온다.

- a casa 집, 가정
- a felicidade 행복
- o livro 책

② -i, -im, -l, -r, -u, -um, -z으로 끝나는 단어는 마지막 음절에 강세가 온다.

- o abacaxi 파인애플
- o jardim 정원
- genial 우수한, 훌륭한, 탁월한
- o amor 사랑
- o bambu 대나무
- comum 흔한, 공통의, 보통의
- o rapaz 총각, 청년

2. 불규칙 강세

규칙 강세가 오지 않는 단어에는 열린음(´, agudo)과 닫힌음(^, circunflexo) 그리고 비음(˜ , til) 중 한 가지 강세가 온다.

- o sábado 토요일
- a agência 지점
- o irmão 남자 형제

ORALIDADE 2 듣기 2 

A. Ouça e repita.

음성을 듣고 따라 읽어보세요.

1. o açúcar	4. o bebê	7. a caneta	10. a estação	13. o leite
2. a amiga	5. o balão	8. a cidade	11. o estudante	14. o professor
3. o arroz	6. o café	9. o dia	12. a filha	15. a viagem

B. Ouça e assinale.

음성을 듣고 해당하는 낱말을 찾아보세요.

1	ai ☐	aí ☐
2	a avó ☐	o avô ☐
3	o cabelo ☐	o cavalo ☐
4	a cama ☐	a fama ☐
5	a irmã ☐	o irmão ☐
6	isso ☐	isto ☐
7	a mãe ☐	a mão ☐
8	o país ☐	os pais ☐
9	a porta ☐	o porto ☐
10	a senhora ☐	o senhor ☐

CULTURA 문화

- 브라질을 대표하는 상징에는 어떤 것들이 있을까요?
- 여러분은 아래 그림들의 의미를 알고 있나요?

UNIDADE II

Vamos lá!
자, 시작해보자!

Metas de aprendizagem 학습목표

- 포르투갈어 모음과 자음의 특징 이해하기
- 모음과 자음의 개별 발음 구분하기

ENTRANDO NO ASSUNTO ...

1. 포르투갈어는 어떻게 발음하고 쓸까요?
2. 여러분이 배운 낱말을 떠올려보세요.

A LÍNGUA PORTUGUESA 포르투갈어

A. 포르투갈어의 모음

포르투갈어의 단모음은 총 5개이지만, 이 중 강모음인 a, e, o와 약모음인 i, u가 '강모음 + 약모음' 혹은 '약모음 + 약모음'의 형태로 짝을 이루는 ai, au, ei, eu, oi, ou, ui의 7개의 이중모음을 만들어낸다. 이중모음은 하나의 모음으로 간주되고, 앞 모음에 강세가 있다.

단모음		
a	[아]	casa [k'a.zə] n.f. 주택, 집 água ['a.gwə] n.f. 물
a	[앙]	anjo ['ə̃.ʒʊ] n.m. 천사 lâmpada [l'ə̃.pa.də] n.f. 전구 irmã [iɾ.m'ə̃] n.f. 여자 형제
e	[애]	certo [s'ɛɾ.tʊ] adj. 어떤, 확실한, 올바른 café [ka.f'ɛ] n.m. 커피
e	[에]	cedo [s'e.dʊ] adv. 이른, 일찍 tênis [t'ɛ.nis] n.m. 운동화
e	[엥]	dente [d'ẽj.tʃi] n.m. 이, 치아
e	[이]	noite [n'oj.tʃi] n.f. 밤
o	[어]	jovem [ʒ'ɔ.veɲ] adj. 젊은 n.m./f. 젊은이 avó [a.v'ɔ] n.f. 할머니, 조모
o	[오]	corpo [k'oɾ.pʊ] n.m. 신체, 몸 avô [a.v'o] n.m. 할아버지, 조부
o	[옹]	estações [is.ta.s'õjs] n.f.pl. 계절
o	[우]	ovo ['o.vʊ] n.m. 달걀
i	[이]	vida [v'i.də] n.f. 인생 família [fa.m'i.ljə] n.f. 가족
i	[잉]	simples [s'ĩ.plis] adj. 간단한, 단순한, 소박한
u	[우]	uva ['u.və] n.f. 포도 número [n'u.me.ɾʊ] n.m. 수
u	[웅]	mundo [m'ũ.dʊ] n.m. 세계

이중모음		
ai	[아이]	pai [p'aj] n.m. 아버지
au	[아우]	aula ['aw.lə] n.f. 수업
ei	[에이]	peixe [p'ej.ʃi] n.m. 생선
eu	[에우]	museu [mu.z'ew] n.m. 박물관
oi	[오이]	oito ['oj.tʊ] adj. 여덟 / n.m. 8
ou	[오]	outono [o.t'o.nʊ] n.m. 가을
ui	[우이]	ruim [xw'iɲ] adj. 나쁜

- 이중모음 ou의 경우 u는 발음되지 않는다.
- 동사의 어미변화에는 이중모음이 적용되지 않는다. Ex falou, comeu, partiu etc.

B. 포르투갈어의 자음

포르투갈어의 자음은 총 21개인데, b, f, h, j, k, p, q, v, w, y는 한 가지 음가만을 가지고 c, d, g, l, m, n, r, s, t, x, z는 짝을 이루는 모음 혹은 그 위치에 따라 두 가지 이상의 음가를 가지게 된다. ch, lh, nh 등은 하나의 음가를 가지기 때문에 하나의 철자로 취급된다. 또한, 브라질식 포르투갈어에서는 유럽식 포르투갈어와 달리 d, t에서 구개음화가 나타난다.

b	[ㅂ]	bola [b'ɔ.lə] n.f. 공
c	모음 a, o, u와 만나는 경우 [ㄲ]	cabelo [ka.b'e.lʊ] n.m. 머리카락 copo [k'ɔ.pʊ] n.m. 컵 óculos ['ɔ.ku.lʊs] n.m.pl. 안경
	모음 e, i와 만나는 경우 및 ç가 오는 경우 [ㅆ]	cebola [se.b'o.lə] n.f. 양파 cinema [si.n'e.mə] n.m. 영화관 força [f'oɾ.sə] n.f. 힘, 에너지
	자음 h와 결합되어 하나의 철자 ch로 쓰이는 경우 [샤], [쇼], [슈], [셰], [쉬]	chave [ʃ'a.vi] n.f. 열쇠 chocolate [ʃo.ko.l'a.tʃi] n.m. 초콜릿 chuveiro [ʃu.v'ej.ɾʊ] n.m. 샤워기 chefe [ʃ'ɛ.fi] n.m./f. 상사 mochila [mo.ʃ'i.lə] n.f. 배낭
d	모음 a, e, o, u와 만나거나 자음 앞에 오는 경우 [ㄷ]	onda ['õ.də] n.f. 파도 cadeira [ka.d'ej.ɾə] n.f. 의자 doce [d'o.si] adj. 달콤한 viaduto [vja.d'u.tʊ] n.m. 고가 도로 catedral [ka.te.dɾ'aw] n.f. 성당
	결합하는 모음 e에 강세가 없거나 약모음 i와 만나는 경우 [ㅈ]	cidade [si.d'a.dʒi] n.f. 도시 dia [dʒ'i.ə] n.m. 낮
f	[ㅍ] * 영어의 f와 동일한 발음	sofá [so.f'a] n.m. 소파
g	모음 a, o, u와 만나는 경우 [ㄱ]	gato [g'a.tʊ] n.m. 고양이 gordo [g'oɾ.dʊ] adj. 뚱뚱한 legume [le.g'u.mi] n.m. 채소
	모음 e, i와 만나는 경우 [ㅈ]	geladeira [ʒe.la.d'ej.ɾə] n.f. 냉장고 girafa [ʒi.ɾ'a.fə] n.f. 기린
	gue, gui로 쓰이는 경우 [개], [게], [기] * 예외 aguentar [a.gwẽ.t'a] v. 견디다, 참다	guerra [g'ɛ.xə] n.f. 전쟁 guerreiro [ge.x'ej.ɾʊ] n.m. 전사 sangue [s'ə̃.gi] n.m. 혈액, 피 guia [g'i.ə] n.m./f. 가이드, 관광 안내원

h	[묵음]	hotel [o.t'ɛw] n.m. 호텔
j	[ㅈ]	jardim [ʒaɾ.dʒ'iɲ] n.m. 정원
k	[ㄲ]	Sri Lanka [se.ri–'l ɐ̃.ka] n.m. 스리랑카
l	음절 앞과 중간에 오는 경우 [ㄹ]	lado [l'a.dʊ] n.m. 옆 janela [ʒa.n'ɛ.lə] n.f. 창문
	음절의 마지막에 오는 경우 [우]	Brasil [bɾa.z'iw] n.m. 브라질
	자음 h와 결합되어 하나의 철자 lh로 쓰이는 경우 [랴], [레], [리], [료], [류]	orelha [o.ɾ'e.ʎə] n.f. 귀 mulher [mu.ʎ'ɛɾ] n.f. 여자, 여성, 아내 velhice [ve.ʎ'i.si] n.f. 노년기 melhor [me.ʎ'ɔɾ] adj. 더 좋은 filho [f'i.ʎʊ] n.m. 아들
m	음절 앞과 중간에 오는 경우 [ㅁ]	mapa [m'a.pə] n.m. 지도 cama [k'ə.mə] n.f. 침대
	음절의 마지막에 오는 경우 [ㅇ]	campo [k'ɐ̃.pʊ] n.m. 들판
n	음절 앞과 중간에 오는 경우 [ㄴ]	nariz [na.ɾ'is] n.m. 코 banana [ba.n'ə.nə] n.f. 바나나
	음절의 마지막에 오는 경우 [ㅇ]	canção [kɐ̃.s'ɐ̃w] n.f. 노래
	자음 h와 결합되어 하나의 철자 lh로 쓰이는 경우 [냐], [네], [니], [뇨], [뉴]	unha ['u.ɲə] n.f. 손톱 banheiro [ba.ɲ'ej.ɾʊ] n.m. 욕실 campainha [kɐ̃.pa.'i.ɲə] n.f. 초인종 senhora [se.ɲ'o.ɾə] n.f. 부인, 숙녀 nenhum [ne.ɲ'ũ] adj. (아무것도) 아닌, (하나도) 없는
p	[ㅃ]	parede [pa.ɾ'e.dʒi] n.f. 벽
q	[ㄲ] * 항상 모음 u와 결합된 qua [꽈], que [꿰], qui [뀌]의 형태로만 쓰이며, que의 경우 모음 e에 강세가 없을 때 [끼]로 발음됨. * 예외 cinquenta [sĩ.kw'ẽj.tə] n./adj. 50 frequente [fɾe.kw'ẽj.tʃi] adj. 자주 일어나는, 빈번한 tranquilo [tɾɐ̃.kw'i.lʊ] adj. 조용한, 침착한	quatro [kw'a.tɾʊ] n./adj. 4 queixo [k'ej.ʃʊ] n.m. 턱 quintal [kĩ.t'aw] n.m. 뒤뜰 cheque [ʃ'ɛ.ki] n.m. 수표

r	모음과 모음 사이에 오는 경우 [ㄹ]	coração [ko.ɾa.s'ə̃w] n.m. 심장
	어두의 r나 rr로 쓰이는 경우 및 br, dr, fr, gr, pr을 제외한 자음 다음에 오는 경우 [ㅎ]	rádio [x'a.dʒjʊ] n.m. 라디오 barriga [ba.x'i.gə] n.f. 배 honra ['õ.hə] n.f. 명예, 영광
s	음절 앞에 오는 s나 ss로 쓰이는 경우 [ㅆ]	sol [s'ɔw] n.m. 태양, 햇빛 assento [a.s'ẽj.tʊ] n.m. 좌석
	음절 마지막에 오는 경우 [ㅅ]	estrada [is.tɾ'a.də] n.f. 도로 país [pa.'is] n.m. 국가, 나라
	모음과 모음 사이에 오는 경우 및 b, g, l, m, v 앞에 오는 경우 [ㅈ]	mesa [m'e.zə] n.f. 탁자, 테이블 Lisboa [liz.b'o.ə] n. 리스본 resgate [xez.g'a.tʃi] n.m. 상환, 구조 desligar [dʒiz.li.g'a] v. 전원을 끄다 turismo [tu.ɾ'iz.mʊ] n.m. 관광 desvio [dʒiz.v'i.ʊ] n.m. 우회, 탈선
t	모유 a, e, o, u와 만나거나 자음 앞에 오는 경우 [ㄸ]	tarde [t'aɾ.dʒi] n.f. 오후 biblioteca [bi.bli.o.t'ɛ.kə] n.f. 도서관 tomate [to.m'a.tʃi] n.m. 토마토 cultura [kuw.t'u.ɾə] n.f. 문화 metrô [me.tɾ'o] n.m. 지하철
	결합하는 모음 e에 강세가 없거나 약모음 i와 만나는 경우 [ㅊ]	leite [l'ej.tʃi] n.m. 우유 partida [paɾ.tʃ'i.də] n.f. 출발
v	[ㅂ] * 영어의 v와 동일한 발음	verão [ve.r'ə̃w] n.m. 여름
w	외래어의 경우 [우]	Wilson [w'iw.sõ] n. 사람 이름(남자)
	포르투갈어식으로 발음하는 경우 [ㅂ] * 영어의 v와 동일한 발음	Walter [v'awte] n. 사람 이름(남자)

x	어두나 어미의 음절 앞에 오는 경우 [쉬]	xadrez [ʃa.dɾ'es] n.m. 체스 xícara [ʃ'i.ka.ɾə] n.f. (커피나 차를 담는) 잔
	ex가 모음과 만나는 경우 [ㅈ]	exame [i.z'ə.mi] n.m. 시험
	ex가 자음과 만나는 경우 [ㅅ]	expressão [es.pɾe.s'ə̃w] n.f. 표정
	단어 중간에 오거나 자음 c, s 앞에 오는 경우 [ㅆ]	máximo [m'a.si.mʊ] adj. 가장 큰, 최대의 excelente [e.se.l'ẽj.tʃi] adj. 탁월한
	기타 예외의 경우 [ㄱㅆ]	sexo [s'ɛ.kə.sʊ] n.m. 성별 táxi [t'a.ki.si] n.m. 택시 tórax [t'ɔ.ɾaks] n.m. 흉부
y	[이]	York ['ior.ki] n. 요크(미국 펜실베이니아주(州) 남동부에 있는 도시)
z	어두에 올 때나 모음과 모음 사이에 오는 경우 및 자음 c, n, r 뒤에 오는 경우 [ㅈ]	zero [z'ɛ.ɾʊ] n.m. 0 beleza [be.l'e.zə] n.f. 아름다움, 미 Czar [z'a] n.m. 제정 러시아의 황제 cinza [s'ĩ.zə] n.m., adj. 회색, 회색의 catorze [ka.t'oɾ.zi] n./adj. 14
	어미에 오는 경우 [ㅆ]	luz [l'us] n.f. 빛

ORALIDADE 듣기

A. Ouça e repita.

음성을 듣고 따라 읽어보세요.

1. a casa	4. o dia	7. o quintal
2. o peixe	5. o hotel	8. o rádio
3. o cabelo	6. a luz	9. a barriga

B. Ouça e assinale.

음성을 듣고 해당하는 낱말을 찾아보세요.

1	o gelo ☐	o zelo ☐
2	belo ☐	velho ☐
3	o sofá ☐	a sopa ☐
4	cansado ☐	casado ☐
5	a bolsa ☐	o bolso ☐
6	a pá ☐	o pé ☐
7	o sal ☐	o sol ☐
8	quando ☐	quanto ☐
9	a faca ☐	a vaca ☐
10	a chave ☐	a chuva ☐
11	a bola ☐	o bolo ☐
12	o copo ☐	o corpo ☐
13	o quarto ☐	o quatro ☐
14	a maçã ☐	a moça ☐
15	o braço ☐	o preço ☐
16	pobre ☐	podre ☐
17	todo ☐	tudo ☐
18	perto ☐	preto ☐

CULTURA 문화

- 각 나라마다 국기를 대표하는 색깔이 있습니다. 브라질 사람들은 노란색과 초록색을 좋아합니다.
- 브라질 사람들은 왜 노란색과 초록색을 좋아하게 된 걸까요?

1889년 11월 19일 법령에 의해 정식으로 채택된 브라질 국기는 초록색 바탕 가운데 노란색 마름모형이 있고 마름모 안에 파란색 원형이 있는 모양을 띠고 있습니다. 원형 안에는 왼쪽 위에서 오른쪽 아래로 가로질러 하얀 띠가 있으며 그 안에는 '질서와 진보'(ORDEM E PROGRESSO)라는 문구가 쓰여 있습니다. 띠 주변으로 그려져 있는 별들은 26개의 주와 1개의 연방특구(Distrito Federal)를 상징하며, 1889년 11월 15일 당시 수도였던 리우데자네이루 밤하늘의 성좌(星座)를 그대로 옮겨 놓은 것입니다.

색깔마다 각기 다른 의미도 지니고 있는데, 초록색은 브라질의 삼림, 노란색은 지하자원, 파란색은 하늘을 뜻합니다. 이처럼 브라질을 대표하는 초록색과 노란색은 국가의 번영과 풍요로움을 의미하는 색깔이라 할 수 있습니다.

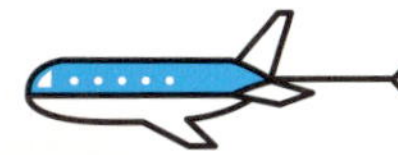

UNIDADE III

Olá, sou Maria.

안녕, 난 마리아야.

Metas de aprendizagem 학습목표

- 상황별 인사말과 안부 묻고 답하기
- 자기소개와 관련된 주요 표현 익히기

ENTRANDO NO ASSUNTO ...

1. 그림 속 친구들은 어느 나라 사람일까요?
2. 친구들의 나라를 연결해보세요.

ORALIDADE 1 듣기 1

A. Ouça e repita.

대화를 듣고 따라 읽어보세요.

B. Ouça e assinale.

대화를 듣고 해당하는 그림을 찾아 알맞은 번호를 쓰세요.

1. M: Oi, João! Tudo bem?
   H: Tudo bem. E você, Maria?

2. M: Como vai, seu Rafael?
   H: Bem, obrigado. E a senhora?
   M: Bem, obrigada!

3. H: Tchau! Até logo!
   M: Tchau! Até mais!

C. Ouça e responda.

대화를 듣고 질문에 답해보세요.

H: Oi, Júlia! Como está?
M: Bem. E você?
H: Ótimo, obrigado.

Como eles estão? E como você está?

- ☐ ótimo
- ☐ muito bem
- ☐ bem
- ☐ mais ou menos
- ☐ mal
- ☐ muito mal
- ☐ péssimo
- ☐ ______________________ (E você? Responda oralmente)

ORALIDADE 2 듣기 2

A. Ouça e sublinhe.

음성을 듣고 해당하는 문장에 밑줄을 그어보세요.

H: Muito prazer. Meu nome é Diego. E o seu?
M: Sou Raquel. Muito prazer.
H: De onde você é?
M: Sou brasileira. Sou do Rio. E você? Você é brasileiro?
H: Não, sou americano.
M: Ah, é? Qual é o seu sobrenome?
H: É Willis. E o seu?
M: É De Oliveira.

B. Ouça e assinale.

위의 대화를 듣고 맞는 내용(V)과 틀린 내용(F)을 찾아보세요.

1. O Diego é brasileiro. V ☐ F ☐
2. A Raquel é americana. V ☐ F ☐
3. A Raquel é do Brasil. V ☐ F ☐
4. O Diego é do Rio de Janeiro. V ☐ F ☐
5. O sobrenome do Diego é Willis. V ☐ F ☐
6. O sobrenome da Raquel é De Oliveira. V ☐ F ☐

C. Trabalho em par

아래 예시와 같이 여러분의 동기 혹은 친구를 소개해보세요.

1. Li Na / China	2. José / Portugal	3. ________ / ________

Ex Oi, sou Jina. Esta é a minha amiga.
O nome dela é Li Na. Ela é da China.

VOCABULÁRIO 어휘 

A. Ouça e repita.

음성을 듣고 따라 읽어보세요.

국가	국적	
	남성	여성
a África do Sul	sul-africano	sul-africana
a Alemanha	alemão	alemã
a Argentina	argentino	argentina
a Bolívia	boliviano	boliviana
o Brasil	brasileiro	brasileira
o Canadá	canadense	
a China	chinês	chinesa
a Coreia do Norte	norte-coreano	norte-coreana
a Coreia do Sul	sul-coreano	sul-coreana
a Espanha	espanhol	espanhola
os Estados Unidos (da América)	americano	americana
a Finlândia	finlandês	finlandesa
a França	francês	francesa
a Holanda	holandês	holandesa
a Índia	indiano	indiana

국가	국적	
	남성	여성
a Inglaterra	inglês	inglesa
o Japão	japonês	japonesa
o México	mexicano	mexicana
o Paquistão	paquistanês	paquistanesa
o Paraguai	paraguaio	paraguaia
o Peru	peruano	peruana
a Rússia	russo	russa
a Tailândia	tailandês	tailandesa
a Venezuela	venezuelano	venezuelana
o Vietnã	vietnamita	
Angola	angolano	angolana
Cuba	cubano	cubana
Israel	israelense	
Moçambique	moçambicano	moçambicana
Portugal	português	portuguesa

GRAMÁTICA 문법

A. 기본 문형

포르투갈어의 기본 문형은 eu(나), tu(너), ele(그)/ela(그녀)/você(너/당신), nós(우리들), vós(너희들), eles(그들)/elas(그녀들)/vocês(너희들/당신들)의 총 6가지 유형의 인칭대명사를 사용하며, 인칭·수·시제에 따라 동사의 형태가 바뀐다. 또한 관사, 대명사, 명사, 부정사, 수사, 지시사, 형용사 역시 주어의 성과 수에 따라 형태가 바뀔 수 있다. 단, 소유사의 경우에는 인칭·성·수에 따라 형태가 바뀐다.

1. 평서문

일반적으로 주어(S) + 동사(V) + 목적어(O)/보어(C) 순이다.

- Eu falo português. 나는 포르투갈어를 한다.
  S V O
- Nós somos coreanos. 우리는 한국인이다.
  S V C

2. 의문문

① 의문사가 없는 의문문은 문장 끝에 물음표를 붙여준다.

- Você fala português? 당신은 포르투갈어를 합니까?
- Vocês são coreanos? 당신들은 한국인입니까?

② 의문사가 있는 의문문은 의문사를 문장의 맨 앞에 써준다.

무엇	o que / qual
어떤	que / qual
누구	quem
어느	qual
어떻게	como
얼마나	quanto
어디	onde
왜	por que

- **O que** é isso?
  그것(이것)은 무엇입니까?
- **Que** carro você tem?
  당신은 어떤 차를 가지고 있습니까?
- **Qual** é o seu nome?
  당신의 이름은 무엇입니까?
- **Quais** são os sobrenomes delas?
  그녀들의 성(姓)은 무엇입니까?
- **Quem** é a professora Maria?
  마리아 교수님이 누구십니까?
- **Quem** sabe falar português?
  누가 포르투갈어를 할 줄 압니까?
- **Quando** vocês têm aula?
  당신들은 언제 수업이 있습니까?
- **Como** a senhora está?
  부인께서는 어떻게 지내십니까?
- **Quantos** livros você tem?
  당신은 몇 권의 책을 가지고 있습니까?
- **Quantas** cadeiras estão na sala?
  교실 안에 몇 개의 의자가 있습니까?
- **Onde** ela mora?
  그녀는 어디에 삽니까?
- **Por que** eles não jantam conosco?
  그들은 왜 우리와 저녁을 먹지 않습니까?

3. 부정문

동사 앞에 부정 부사 não을 넣어준다.

- Você **não** fala português?
  당신은 포르투갈어를 못 하십니까?
- Nós **não** somos brasileiros.
  우리는 브라질 사람이 아닙니다.

B. ESTAR 동사의 직설법 현재

직설법이란 있는 사실을 그대로 표현하는 동사 형식을 의미한다. '...에 있다', '...한 상태이다'의 의미로 영어의 be 동사와 유사한 기능을 지닌 estar동사는 기쁨, 슬픔, 피곤함, 건강함, 무사함 등과 같이 주어의 감정이나 상태, 날씨 등을 표현할 때 사용한다.

ESTAR			
Eu	estou	Nós	estamos
Tu	estás	Vós	estais
Ele / Ela / Você	está	Eles / Elas / Vocês	estão

※ estou와 está의 경우에는 구어체에서 "tô", "tá" 등으로 줄여서 발음하기도 한다.

※ 포르투갈어 동사변형의 2인칭 복수형은 현대 포르투갈어에서 사용되지 않는다. 단, 2인칭 단수형은 브라질식 포르투갈어의 경우 지역에 따라 제한적으로 사용된다.

- (Eu) **Estou** feliz. 난 행복하다.
- Ela **está** ocupada. 그녀는 바쁘다.
- Eles **estão** bem. 그들은 잘 있다.

C. SER 동사의 직설법 현재

'...이다', '...에 있다'의 의미로 영어의 be 동사와 유사하며, 국적, 직업, 신분, 건물명, 지명 등 주어의 본질적인 속성을 표현하기 위해서 사용하는 동사이다.

SER			
Eu	sou	Nós	somos
Tu	és	Vós	sois
Ele / Ela / Você	é	Eles / Elas / Vocês	são

- (Nós) **Somos** coreanos.
  우리는 한국인이다.
- Ela **é** minha amiga e **é** portuguesa.
  그녀는 나의 친구이고 포르투갈인이다.
- O Rio **é** no Brasil.
  리우는 브라질에 있다.

※ ser + de의 뒤에 사람, 사물, 장소를 나타내는 명사가 올 때는 각기 소유, 재료, 출신을 나타낸다.

- As canetas **são de** Paulo.
  펜은 파울루의 것이다.
- A mesa **é de** madeira.
  그 책상은 나무로 만들어졌다.
- Eles **são de** São Paulo.
  그들은 상파울루 출신이다.

D. IR 동사의 직설법 현재

영어의 go 동사와 유사하며, '가다', '지내다', '되어가다' 등의 의미를 표현하기 위해서 사용하는 동사이다.

IR			
Eu	vou	Nós	vamos
Tu	vais	Vós	ides
Ele / Ela / Você	vai	Eles / Elas / Vocês	vão

- (Eu) **Vou** bem.
  난 잘 지낸다.
- Eles **vão** ao cinema.
  그들은 영화관에 간다.
- O projeto **vai** bem.
  그 프로젝트는 잘 되어가고 있다.

※ ir 동사 다음에 동사원형이 올 경우에는 영어의 'be going to + 동사원형'과 유사하게 '...할 것이다'의 의미로 사용한다.

- (Eu) **Vou estudar** português.
  난 포르투갈어를 공부할 것이다.
- O tempo **vai melhorar**.
  날씨가 갤 것이다.
- Elas **vão ficar** aqui.
  그녀들은 여기 머무를 것이다.

※ vamos 다음에 동사원형이 올 경우에는 영어의 'let's + 동사원형'과 유사하게 '...하자', '...합시다'의 청유형으로 활용할 수 있다.

- **Vamos tomar** uma cerveja.
  우리 맥주나 한잔하자.

E. 정관사와 부정관사

정관사는 이미 알고 있는 사물이나 사람을 지칭할 때 사용하며, 부정관사는 기존에 언급되지 않은 사물이나 사람을 지칭할 때 사용한다. 포르투갈어의 정관사와 부정관사는 명사의 성과 수에 따라 반드시 일치하여야 한다.

정관사		
	단수	복수
남성	o	os
여성	a	as

- **a** casa 그 집 / **as** casas 그 집들
- **o** livro 그 책 / **os** livros 그 책들

부정관사		
	단수	복수
남성	um	uns
여성	uma	umas

- **um** menino 한 명의 소년 / **uns** meninos 몇몇 소년들
- **uma** universidade 한 개의 대학 / **umas** universidades 몇몇 대학들

F. 전치사의 결합형

전치사 de는 영어의 of 혹은 from 전치사와 유사하며, '...의', '...로부터' 등의 의미를 표현하기 위해서 사용한다. 전치사와 정관사, 3인칭 인칭대명사 ele, ela, eles, elas의 결합은 반드시 이루어져야 하나, 전치사와 부정관사의 결합은 거의 이루어지지 않는다.

전치사 DE와 정관사의 결합형		
	단수	복수
남성	do	dos
여성	da	das

- O professor Paulo é **do** Rio de Janeiro.
  파울루 선생님은 리우데자네이루 출신이다.

- Ele é pai **das** meninas.
  그가 그 소녀들의 아버지다.

전치사 DE와 부정관사의 결합형		
	단수	복수
남성	dum	duns
여성	duma	dumas

※ 브라질식 포르투갈어에서는 전치사 de와 부정관사의 결합형을 사용하지 않는다.

전치사 DE와 3인칭 인칭대명사의 결합형		
	단수	복수
남성	dele	deles
여성	dela	delas

- O carro é **deles**.
  그 차는 그들의 것이다.

- Estes são sapatos **dela**.
  이 신발들은 그녀의 것이다.

G. 소유형용사와 소유대명사

포르투갈어의 소유형용사는 대명사로서도 쓰이며, 소유자의 성과 관계없이 수식하는 명사의 성과 수에 일치하여야 한다. 일반적으로 명사의 앞에 놓이며 정관사가 올 수도 있고 오지 않을 수도 있다. 단, 부정관사, 부정형용사, 수사, 지시사 등을 수반할 때에는 반드시 명사의 뒤에 놓인다.

소유형용사					
		남성		여성	
		단수	복수	단수	복수
단수	1인칭	meu	meus	minha	minhas
	2인칭	teu	teus	tua	tuas
	3인칭	seu	seus	sua	suas
복수	1인칭	nosso	nossos	nossa	nossas
	2인칭	vosso	vossos	vossa	vossas
	3인칭	seu	seus	sua	suas

※ 3인칭의 경우, seu와 seus는 '그의', '그녀의', '너의', '당신의', '그들의', '그녀들의', '너희들의', '당신들의'를 동시에 의미할 수 있다. 이 때문에 소유자를 명확히 표현하기 위해 전치사 de와 인칭대명사의 결합형 dele(s), dela(s) 및 de você(s), do(s) senhor(es), da(s) senhora(s)를 명사의 뒤에 붙여 사용한다. 특히 브라질식 포르투갈어의 경우, seu(s), sua(s)는 의미상의 2인칭을 가리키고, 3인칭에서는 전치사 de를 활용하여 쓴다.

- **Meu** amigo 나의 남자 친구
- A casa **deles** 그들의 집
- **Suas** cartas 당신의 편지들
- Os pais **dela** 그녀의 부모님

소유대명사로서 쓰일 때는 소유형용사 앞에 항상 정관사를 수반하며, 이전에 등장한 명사를 지칭하는 것으로 그 명사의 성과 수에 일치한다. 단, ser 동사 뒤에서 보어로 쓰일 때는 정관사를 사용하지 않을 수도 있다.

- Aqui está minha mesa e **a sua** está aí.
  내 탁자는 여기 있고 당신의 것은 거기 있다.

- Preciso comprar um carro novo porque **o meu** é velho.
  내 것은 낡아서 새 차를 한 대 사야 해.

ATIVIDADES DE GRAMÁTICA 연습문제 

A. Complete as frases com os verbos ESTAR, IR ou SER no presente do indicativo.

ESTAR, IR 또는 SER 동사의 직설법 현재로 활용하여 문장을 완성해보세요.

1. Eu __________ estudante.
2. Nós __________ contentes agora.
3. Elas __________ ao cinema.
4. Você __________ brasileiro?
5. Eles __________ bem.
6. Ela __________ da Coreia.
7. Vocês __________ de Seul.
8. Onde __________ ele?
9. Eu __________ feliz.
10. Nós __________ aqui.

B. Complete com os artigos definidos e indefinidos.

알맞은 정관사와 부정관사를 채워 넣어보세요.

1. __________ professores
2. __________ cidade
3. __________ mapa
4. __________ tardes
5. __________ lápis

C. Complete com os adjetivos ou os pronomes possessivos.

소유형용사와 소유대명사를 주어진 지시에 따라 채워 넣어보세요.

1. (너의) __________ livros estão aqui.
2. (그의) A família __________ está no Brasil.
3. (나의) __________ pais estão em Seul.
4. (우리의) __________ professora é de Portugal.
5. (너의 것, 나의 것) Esta caneta é ____________ ou ____________?

COMPREENSÃO ESCRITA 읽기 

A. Leia e compare.

다음의 글을 읽고 비교해보세요.

✓ Eu vou me apresentar.

FOCUS: 다른 나라의 친구들에게 나를 어떻게 소개할 수 있을까요?

Oi, meu nome é Carlos. Sou do Rio mas agora estou na Espanha. Sou jogador de futebol. Minha família está no Brasil e estou sozinho aqui. Mas estou feliz em jogar aqui.

#futebol #ligaeuropeia #tudosobremim

Olá! Meu nome é Sujin e sou coreana. Sou de Seul mas agora estou no Brasil. Estudo português numa universidade brasileira. Estou contente em aprender um novo idioma.

#tudosobremim #intercâmbio #português

B. Faça a correspondência.

위의 글에 해당하는 내용을 연결해보세요.

1. O Carlos joga futebol ...	a. no Brasil.
2. A Sujin está ...	b. na Espanha.
3. A família do Carlos está ...	c. em Seul.
4. A Sujin estuda ...	d. estudante coreana.
5. A Sujin é ...	e. numa universidade brasileira.

PRODUÇÃO ESCRITA 쓰기

ETAPA 1. 자신에 대해 간단하게 포르투갈어로 적어보세요.

ETAPA 2. Etapa 1을 참고하여 자신에 대한 문장을 완성해보세요.

ETAPA 3. Etapa 2의 내용을 참고하여 블로그에 아래와 같이 자신을 소개하는 글을 써보세요.

Blog do Leo

Oi, meu nome é Leo.
Eu sou de São Paulo mas agora estou em Londres.
Sou estudante de Letras.
Meu e-mail é abc20@gmail.com.
Vamos ser amigos!

Blog de ______________

Oi, meu nome é __________.

Eu sou de __________.

Sou estudante de ____.

Meu e-mail é ____.

Vamos ser amigos!

CULTURA 문화

- 인터넷 게시판, 스마트폰 채팅 등에서 다양한 줄임말 표현들이 사용됩니다. 포르투갈어에는 어떤 표현들이 있을까요?
- 줄임말과 뜻을 연결할 수 있나요?

vc •	• beijo/beijos (만나고 헤어질 때 볼에 하는 키스)
msg •	• você (너/당신)
Bj/Bjs •	• mesmo (정말이야)
pq •	• mensagem (문자 메시지)
tb •	• obrigado/a (고마워)
obg •	• porque (왜냐하면)
msm •	• também (...도 역시)

- 다음 대화의 줄임말을 찾아 밑줄을 그어보세요.

A: É msm?
B: Sim, claro. Pq vc não vai?
A: A msg não chegou!
B: Adriana tb vai.
A: Ah, é? Mande um bj para ela.
B: Pode deixar comigo.
Um bom fim de semana para vc!
A: Obg. Para vc tb!

A: 정말?
B: 응, 그렇다니까. 너 왜 안 가?
A: 메시지 못 받았어!
B: 아드리아나도 가.
A: 아, 그래? 걔한테 안부 전해줘.
B: 전해줄게.
주말 잘 보내!
A: 고마워. 너도!

- 여러분이 사용하는 줄임말에는 어떤 것이 있나요?

MEMO

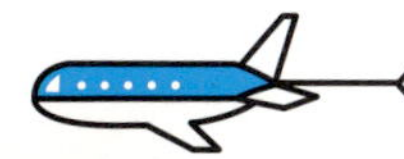

UNIDADE IV

Eu amo a minha família!
난 내 가족을 사랑해!

Metas de aprendizagem 학습목표

- 가족 관계와 관련된 주요 표현 익히기
- 나이, 성격, 외모, 직업 묻고 답하기

ENTRANDO NO ASSUNTO ...

1. 가족 간의 호칭에는 어떤 것들이 있을까요?
2. 특별한 가족 구성원이 있다면 소개해보세요.

ORALIDADE 듣기 

A. Ouça e repita.

음성을 듣고 따라 읽어보세요.

AVÓ AVÔ AVÓ AVÔ

TIA MÃE PAI TIO

IRMÃO EU

B. Ouça e assinale.

대화를 듣고 해당하는 그림을 찾아 알맞은 번호를 쓰세요.

1. M: Quantas pessoas tem na sua família, João?
   H: Tem três pessoas e um cachorro.

2. M: Você tem irmãos?
   H: Sim, tenho um irmão e uma irmã. Minha irmã é casada.
   M: E o seu irmão?
   H: Ele é solteiro.

3. H: Qual é a profissão do seu pai?
   M: Ele é policial.

VOCABULÁRIO 어휘

A. Ouça e repita os numerais.

음성을 듣고 숫자를 따라 읽어보세요.

0 zero	6 seis	12 doze	18 dezoito	60 sessenta
1 um	7 sete	13 treze	19 dezenove	70 setenta
2 dois	8 oito	14 catorze	20 vinte	80 oitenta
3 três	9 nove	15 quinze	30 trinta	90 noventa
4 quatro	10 dez	16 dezesseis	40 quarenta	100 cem
5 cinco	11 onze	17 dezessete	50 cinquenta	101 cento e um

※ 숫자를 읽을 때는 십 자리와 단 자리, 백 자리와 십 자리는 접속사 e를 넣어서 읽고 천(mil) 자리와 백 자리는 접속사를 붙이지 않는다. 단, 백 자리에 아무런 숫자도 오지 않을 경우엔 접속사 e를 반드시 넣어서 읽어야 하며, 2천 이상의 숫자는 백 자리에 숫자가 있더라도 쉼표(,)를 넣어서 쓴다.

B. Ouça e repita os numerais.

음성을 듣고 숫자를 따라 읽어보세요.

34 trinta e quatro	1.070 mil e setenta
52 cinquenta e dois	1.219 mil duzentos e dezenove
101 cento e um	2.910 dois mil, novecentos e dez
335 trezentos e trinta e cinco	6.500 seis mil e quinhentos

C. Ouça e escreva os numerais.

음성을 듣고 숫자를 써보세요.

1. ______________ 4. ______________ 7. ______________

2. ______________ 5. ______________ 8. ______________

3. ______________ 6. ______________ 9. ______________

GRAMÁTICA 문법

A. -AR 동사의 직설법 현재: 제1변화 동사

포르투갈어의 모든 동사원형은 언제나 -r 끝나며, 대부분 -ar, -er, -ir의 규칙적인 어미를 사용한다. 이 중에서 -ar로 끝나는 동사를 제1변화 동사라고 하며, 다음과 같이 활용된다.

-AR			
Eu	-o	Nós	-amos
Tu	-as	Vós	-ais
Ele / Ela / Você	-a	Eles / Elas / Vocês	-am

B. FALAR 동사의 직설법 현재

'말하다'의 의미로, 주로 특정한 언어를 구사하거나 의사 표현을 위해 어떤 내용을 언급할 때 사용한다.

FALAR			
Eu	falo	Nós	falamos
Tu	falas	Vós	falais
Ele / Ela / Você	fala	Eles / Elas / Vocês	falam

- (Eu) **Falo** português.
  난 포르투갈어를 한다.
- Ela **fala** inglês e espanhol.
  그녀는 영어와 스페인어를 한다.
- Nós **falamos** coreano.
  우리들은 한국어를 한다.

C. TER 동사의 직설법 현재

'...을 가지고 있다', '...이 있다'의 의미로, 물질명사 혹은 추상명사를 목적어로 취해 소유를 표현하거나 3인칭 단수 형태로 쓰여 유도부사로서 특별한 의미 없이 사물이나 사람의 존재 여부를 나타낼 때 사용한다.

TER			
Eu	tenho	Nós	temos
Tu	tens	Vós	tendes
Ele / Ela / Você	tem	Eles / Elas / Vocês	têm

※ ter que(de)의 뒤에 동사원형이 올 때에는 '...해야만 한다'의 의미를 지닌다.

- Ana **tem** dezoito anos.
  아나는 18살이다.
- **Tem** muitos japoneses no Brasil.
  브라질에는 일본인이 많다.
- (Eu) **Tenho** que estudar.
  난 공부해야만 한다.

D. HAVER 동사의 직설법 현재

'...이 있다'의 의미로, ter 동사와 마찬가지로 3인칭 단수 형태로 쓰여 유도부사로서 특별한 의미 없이 사물이나 사람의 존재 여부를 나타낼 때 사용한다.

HAVER			
Eu	hei	Nós	havemos
Tu	hás	Vós	haveis
Ele / Ela / Você	há	Eles / Elas / Vocês	hão

※ 'há + 기간명사 + que ...'는 '...한 지 (기간명사)만큼 되다'의 의미를 나타내며, ter 동사와 마찬가지로 haver que(de)의 뒤에 동사원형이 올 때에는 '...해야만 한다'의 의미를 지닌다.

- **Há** muita gente na praia.
  해변에 사람이 많다.

- **Há** um mês **que** estudamos português.
  우리가 포르투갈어를 배운 지 한 달이 된다.

- (Eu) **Hei que** chegar a tempo.
  난 제시간에 도착해야만 한다.

E. FAZER 동사의 직설법 현재

물질명사 혹은 추상명사를 목적어로 취해 '하다', '만들다' 등의 의미를 표현하거나 3인칭 단수 형태로 쓰여 유도부사로서 특별한 의미 없이 날씨의 상태를 나타낼 때 사용한다.

FAZER			
Eu	faço	Nós	fazemos
Tu	fazes	Vós	fazeis
Ele / Ela / Você	faz	Eles / Elas / Vocês	fazem

※ haver 동사와 마찬가지로 'faz + 기간명사 + que ...'는 '...한 지 (기간명사)만큼 되다'의 의미를 나타낸다.

- O que você **faz**?
  무슨 일 하세요?

- **Faz** muito calor.
  (날씨가) 몹시 덥다.

- **Faz** vinte e três anos **que** a gente se conhece.
  우리가 서로 안 지 23년이 된다.

F. 지시사와 장소 부사

지시형용사는 관사를 수반하지 않고 일반적으로 명사 앞에 놓이며 수식하는 명사의 성과 수에 일치하여 변화한다. 지시대명사는 성과 수의 변화가 없는 중성지시대명사 외에 지시형용사도 대명사로서 쓰인다.

지시사와 장소 부사						
	남성		여성		중성 지시대명사	장소 부사
	단수	복수	단수	복수		
이(것)	este	estes	esta	estas	isto	aqui
그(것)	esse	esses	essa	essas	isso	aí
						ali
저(것)	aquele	aqueles	aquela	aquelas	aquilo	lá

※ 브라질식 포르투갈어의 경우, este, esta와 esse, essa를 구분하지 않고 화자와 가까운 대상을 지칭하는 '이', '이것'의 의미로 함께 사용한다.

- este livro 이 책
- esses meninos 그 소년들
- aquele quarto 저 방
- estas canetas 이 펜들
- essa cadeira 그 의자
- aquelas casas 저 집들

G. 전치사의 결합형

전치사 em은 영어의 in 전치사와 유사하며, '...에(서)'의 의미를 표현하기 위해 사용한다. 전치사와 정관사, 3인칭 인칭대명사 ele, ela, eles, elas, 지시사의 결합은 반드시 이루어져야 하나, 전치사와 부정관사의 결합은 이루어지지 않을 수도 있다.

전치사 EM과 정관사의 결합형		
	단수	복수
남성	no	nos
여성	na	nas

- Ela está **no** escritório.
  그녀는 사무실에 있다.
- Eles estudam **no** Brasil.
  그들은 브라질에서 공부한다.

전치사 EM과 부정관사의 결합형		
	단수	복수
남성	num	nuns
여성	numa	numas

- (Nós) Moramos **num** apartamento.
  우리는 아파트에 삽니다.
- (Eu) Estou **numa** ilha.
  난 섬에 있다.

전치사 EM과 3인칭 인칭대명사의 결합형		
	단수	복수
남성	nele	neles
여성	nela	nelas

- Ele acredita **nela**.
  그는 그녀를 신뢰한다.
- Eu penso **nele** todo dia.
  난 매일 그를 생각한다.

전치사 EM과 지시사의 결합형					
	남성		여성		중성지시대명사
	단수	복수	단수	복수	
이(것)	neste	nestes	nesta	nestas	nisto
그(것)	nesse	nesses	nessa	nessas	nisso
저(것)	naquele	naqueles	naquela	naquelas	naquilo

- Ela estuda **nesta** universidade.
  그녀는 이 대학에서 공부한다.
- Você tem que pensar **nisso**.
  넌 그것을 생각해야만 한다.

ATIVIDADES DE GRAMÁTICA 연습문제 

A. Complete as frases com os verbos HAVER, FALAR, FAZER ou TER no presente do indicativo.

HAVER, FALAR, FAZER 또는 TER 동사의 직설법 현재로 활용하여 문장을 완성해보세요.

1. Eu __________ muitos amigos.
2. A Ana e o Pedro __________ anos amanhã.
3. Você __________ que estudar em casa.
4. Nós __________ aula.
5. Os senhores __________ português?
6. __________ trinta alunos nesta sala.
7. __________ duas provas por mês.
8. __________ muito frio hoje.
9. Eu __________ viagens para os EUA.
10. Nós __________ comidas para o almoço.

B. Complete as frases.

문장을 완성해보세요.

1. (이것) O que é ___________?
2. (이분, 저분) ___________ é o senhor Kim e ___________ é a senhora Lee.
3. (저) ___________ menina é do Departamento de Português.
4. (그것) ___________ é verdade.
5. (그) ___________ rapazes são muito simpáticos.
6. (여기 ...에) A aluna está ______________________ escola.
7. (거기 ...에) Ele está ______________________ praia.
8. (...에) Estamos ___________ casa do Paulo.
9. (여기 이 ...에서) Estudamos ______________________ universidade.
10. (저기 ...에서) Meu amigo mora _____________ China.

COMPREENSÃO ESCRITA 읽기 

A. Leia e responda.

다음의 글을 읽고 대답해보세요.

Muito prazer! Meu nome é Gabriela.
Na minha família, tem quatro pessoas: o pai, a mãe, um irmão mais novo que tem quinze anos e eu. Temos um cachorro também. O nome dele é Totó. Ele tem oito anos e é muito bonzinho. Meus pais têm a mesma idade, quarenta e nove anos. A minha mãe é pouco gorda mas bonita. O meu pai é alto e forte. O meu irmão chama-se José. É um menino muito inteligente. Ele fala bem inglês. Eu tenho vinte anos e sou estudante universitária. O meu pai é policial e a minha mãe é professora de um colégio.

- Quantas pessoas moram na casa da Gabriela?

- Que idade tem o irmão da Gabriela?

- Como é o pai da Gabriela?

- O que faz a mãe da Gabriela?

- Como se chama o cachorro da Gabriela?

PRODUÇÃO ESCRITA 쓰기

Etapa 1. 자신의 가족에 대해 써보세요.

	Parentesco	Idade	Profissão
Você	-		

Etapa 2. Etapa 1을 참고하여 자신의 가족을 소개하는 글을 써보세요.

CULTURA 문화

- 브라질 사람들의 이름은 매우 길어서 인터넷상에서뿐만 아니라 가족 및 친구 혹은 직장 동료들 사이에서도 다양한 닉네임이 호칭으로 사용되곤 합니다. 대표적인 닉네임에는 어떤 호칭들이 있을까요?
- 실제 이름과 닉네임을 연결할 수 있나요?

APELIDOS

Beatriz •	• Duda	Alexandre •	• Dani
Cristina •	• Lena	Antônio •	• Alex
Eduarda •	• Bia	Carlos Eduardo •	• Tôni
Helena •	• Pat	Daniel •	• Beto
Heloísa •	• Lu	Eduardo •	• Cadu
Isabel •	• Helô	Fernando •	• Zé
Luísa •	• Cris	Francisco •	• Leo
Manuela •	• Malu	José •	• Edu
Maria Luísa •	• Bel	Leonardo •	• Chico
Patrícia •	• Manu	Roberto •	• Nando

- 여러분이 사용하는 닉네임에는 어떤 것이 있나요?

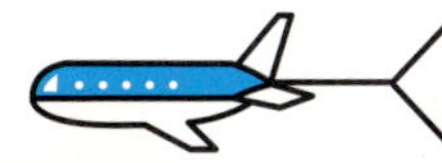

UNIDADE V

Moramos num apartamento.
우리는 아파트에 살아.

Metas de aprendizagem 학습목표

• 사는 곳의 위치와 형태 묻고 답하기
• 주거 환경과 사물 묘사하기

ENTRANDO NO ASSUNTO ...

1. 여러분이 사는 곳은 어디인가요?
2. 내가 사는 곳을 소개해보세요.

ORALIDADE 1 듣기 1

A. Ouça e repita.

대화를 듣고 따라 읽어보세요.

B. Ouça e assinale.

대화를 듣고 해당하는 그림을 찾아 알맞은 번호를 쓰세요.

1. M: Onde você mora?
   H: Moro no dormitório da universidade.

2. M: Você mora sozinho?
   H: Não, moro com minha família. E você?
   M: Eu moro com uma amiga minha.

3. H: Onde fica a sua casa?
   M: É bem pertinho daqui.

C. Ouça e responda.

대화를 듣고 질문에 답해보세요.

H: Como é o seu apartamento, Helena?
M: É pequeno mas fica muito ensolarado.
H: Em que andar fica?
M: Fica no décimo andar.

Como é o apartamento da Helena? Em que andar ela mora?

- ☐ grande, ensolarado, no décimo andar
- ☐ grande, escuro, no segundo andar
- ☐ médio, ensolarado, no décimo andar
- ☐ médio, escuro, no segundo andar
- ☐ pequeno, ensolarado, no décimo andar
- ☐ pequeno, escuro, no segundo andar
- ☐ ______________________________ (E você? Responda oralmente)

VOCABULÁRIO 어휘

A. Ouça e repita os numerais.

음성을 듣고 숫자를 따라 읽어보세요.

1º primeiro	1ª primeira	6º sexto	6ª sexta
2º segundo	2ª segunda	7º sétimo	7ª sétima
3º terceiro	3ª terceira	8º oitavo	8ª oitava
4º quarto	4ª quarta	9º nono	9ª nona
5º quinto	5ª quinta	10º décimo	10ª décima

※ 서수는 주로 명사의 앞에 쓰이며 정관사를 동반하고 명사의 성과 수에 따라 변화한다. 건물의 층수와 세기 등을 표현할 때는 10번째까지는 서수를 사용하고 그 이상의 경우에는 기수를 사용한다.

- o **segundo** andar 2층
- século III (**terceiro**) 3세기
- o andar 13 (**treze**) 13층
- século XXI (**vinte e um**) 21세기

B. Ouça e escreva os numerais.

음성을 듣고 숫자를 써보세요.

1. ____________ 4. ____________ 7. ____________

2. ____________ 5. ____________ 8. ____________

3. ____________ 6. ____________ 9. ____________

ORALIDADE 2 듣기 2

A. Ouça e identifique.

음성을 듣고 해당하는 낱말을 써보세요.

1. ______________________

2. ______________________

3. ______________________

4. ______________________

5. ______________________

6. ______________________

7. ______________________

8. ______________________

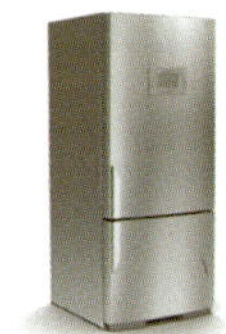

9. ______________________

B. Ouça e complete.

음성을 듣고 해당하는 낱말을 연결하여 문장을 완성해보세요.

1. No meu quarto há:
   cama / cadeira / fogão / guarda-roupa / micro-ondas

2. Na minha sala tem:
   banheira / computador / geladeira / sofá / televisão

3. Na minha cozinha há:
   cama / fogão / geladeira / máquina de lavar roupa / pratos

4. No meu banheiro tem:
   chuveiro / escova de dentes / lavabo / sabonete / toalhas

GRAMÁTICA 문법 

A. -ER 동사의 직설법 현재: 제2변화 동사

포르투갈어의 모든 동사의 원형은 언제나 -r 끝나며, 대부분 -ar, -er, -ir의 규칙적인 어미를 사용한다. 이 중에서 -er로 끝나는 동사를 제2변화 동사라고 하며, 다음과 같이 활용된다.

-ER			
Eu	-o	Nós	-emos
Tu	-es	Vós	-eis
Ele / Ela / Você	-e	Eles / Elas / Vocês	-em

B. VIVER 동사의 직설법 현재

'살다'의 의미로 주로 목적어와 함께 사용하지만, 장소 부사나 장소 전치사 em과 함께 사용하여 '거주하다'의 의미로 사용하기도 한다.

VIVER			
Eu	vivo	Nós	vivemos
Tu	vives	Vós	viveis
Ele / Ela / Você	vive	Eles / Elas / Vocês	vivem

- (Eu) **Vivo** na Europa há dez anos.
  내가 유럽에 산 지 10년이 되었다.
- A gente **vive** uma vida tranquila.
  우리는 조용한 삶을 산다.
- Eles **vivem** para os filhos.
  그들은 자식들을 위해서 산다.

C. MORAR 동사의 직설법 현재

'살다', '거주하다'의 의미로, 주로 장소 부사나 장소 전치사 em과 함께 사용한다.

MORAR			
Eu	moro	Nós	moramos
Tu	moras	Vós	morais
Ele / Ela / Você	mora	Eles / Elas / Vocês	moram

- (Eu) **Moro** em Seul.
  난 서울에 산다.
- Ela **mora** bem pertinho.
  그녀는 아주 가까이 산다.
- Eles **moram** num apartamento.
  그들은 아파트에 산다.

D. FICAR 동사의 직설법 현재

'...한 상태이다', '...이 되다', '(지역·건물 등이) ...위치하다'의 의미로, 형용사나 장소 부사, 장소 전치사 em 등과 함께 사용한다.

FICAR			
Eu	fico	Nós	ficamos
Tu	ficas	Vós	ficais
Ele / Ela / Você	fica	Eles / Elas / Vocês	ficam

- (Eu) Sempre **fico** em casa.
  난 항상 집에 있다.
- Ela **fica** doente com frequência.
  그녀는 자주 병이 난다.
- Onde **fica** o banheiro?
  화장실은 어디에 있나요?

E. 전치사의 결합형

전치사 de와 지시사, 장소 부사는 분리하여 사용되지 않는다. 단, 장소 부사 lá는 전치사와의 결합이 이루어지지 않는다.

전치사 DE와 지시사/장소 부사의 결합형						
	남성		여성		중성 지시대명사	장소 부사
	단수	복수	단수	복수		
이(것)	deste	destes	desta	destas	disto	daqui
그(것)	desse	desses	dessa	dessas	disso	daí dali
저(것)	daquele	daqueles	daquela	daquelas	daquilo	-

- A sala **desta** casa é muito grande.
  이 집의 거실은 아주 크다.
- Ela já sabe **disso**.
  그녀는 이미 그것에 대해 안다.
- Eles moram longe **daqui**.
  그들은 여기서 멀리 산다.

ATIVIDADES DE GRAMÁTICA 연습문제 

A. Complete as frases com os verbos FICAR, MORAR ou no presente do indicativo.

FICAR, MORAR 또는 VIVER 동사의 직설법 현재로 활용하여 문장을 완성해보세요.

1. Onde você ____________?
2. A praia ____________ longe da cidade.
3. Eles ____________ num bairro tranquilo.
4. Você ____________ em casa hoje?
5. O carro ____________ no estacionamento.
6. Ela ____________ no Rio de Jaienro.
7. Vocês ____________ facilmente cansados.
8. A livraria ____________ perto do hospital.
9. Nós ____________ felizes por ter notícias suas.
10. Eu ____________ no dormitório da universidade.
11. O museu ____________ no centro da cidade.
12. Onde ____________ a sua família?
13. Temos que ____________ a nossa vida.
14. A casa da Maria ____________ em Seul.
15. Os peixes ____________ em lagos, rios e mares.

COMPREENSÃO ESCRITA 읽기 

A. Leia e compare.

다음의 글을 읽고 비교해보세요.

A família da Lúcia mora longe da cidade, numa casa com jardim. Mas a casa dela fica perto da estação de metrô. A casa tem dois andares com tetos altos. No andar de baixo, tem uma sala enorme, um escritório, uma cozinha e um banheiro. No andar de cima, tem quatro quartos e três banheiros. No jardim, mora o Dudu, um cão grande mas muito fofo. Além do Dudu, mora um casal de gatos muito lindo: Bia e Kiko.

O Tiago é de Recife mas agora vive no Rio. Ele é engenheiro e mora perto do trabalho. O apartamento dele fica na beira do mar. O apartamento não é grande mas é bonito. Tem dois quartos. Um é grande mas o outro é pequeno. Os quartos ficam no fim de um corredor muito comprido. O banheiro fica entre esses dois quartos. E ainda tem uma sala com duas janelas e uma varanda. A cozinha fica em frente da sala.

B. Faça a correspondência.

위의 내용에 해당하는 내용을 연결해보세요.

1. A Lúcia mora ...	a. no jardim.
2. O Tiago mora ...	b. numa casa com sua família.
3. A Bia e o Kiko moram ...	c. na beira do mar.
4. O apartamento do Tiago fica ...	d. quatro quartos e três banheiros.
5. A casa da Lúcia tem ...	e. sozinho em apartamento.

PRODUÇÃO ESCRITA 쓰기

Etapa 1. 자신의 집의 위치와 크기 등에 대해 써보세요.

	MINHA CASA
Cidade	
Bairro	
Localização	
Tipo	
Andar	
Tamanho	

Etapa 2. Etapa 1을 참고하여 자신의 집을 소개하는 글을 써보세요.

CULTURA 문화

- 브라질에는 '학생 공화국'(república de estudantes)라고 불리는 대학생들만을 위한 숙소가 있습니다.
- 왜 '공화국'이라는 표현을 사용하게 된 걸까요?

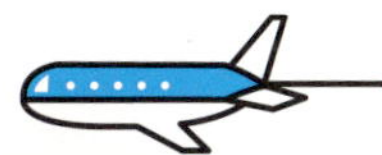

UNIDADE VI

Que horas são?
몇 시니?

Metas de aprendizagem 학습목표

- 시간, 날짜, 요일 관련 표현 익히기
- 일과와 주간 계획 묻고 답하기

ENTRANDO NO ASSUNTO ...

1. 여러분의 일과는 몇 시에 시작하나요?
2. 자신만의 특별한 일상이 있다면 소개해보세요.

ORALIDADE 듣기

A. Ouça e escreva as horas.

음성을 듣고 시간을 써보세요.

1. ____________________ 2. ____________________

3. ____________________ 4. ____________________

B. Ouça e assinale.

대화를 듣고 해당하는 그림을 찾아 알맞은 번호를 쓰세요.

1. M: Que horas são?
   H: São duas horas.
   M: Já? Estou atrasada!

2. M: A que horas abre a padaria?
   H: Abre às oito em ponto.

3. H: A que horas você almoça?
   M: Almoço ao meio-dia e meia.

VOCABULÁRIO 어휘 

A. Ouça e repita os dias da semana.

음성을 듣고 요일을 따라 읽어보세요.

DIAS DA SEMANA						
segunda-feira	terça-feira	quarta-feira	quinta-feira	sexta-feira	sábado	domingo
2.ª feira	3.ª feira	4.ª feira	5.ª feira	6.ª feira		

B. Ouça e repita os meses do ano.

음성을 듣고 열두 달의 명칭을 따라 읽어보세요.

MESES DO ANO					
janeiro	fevereiro	março	abril	maio	junho
jan.	fev.	mar.	abr.	mai.	jun.
julho	agosto	setembro	outubro	novembro	dezembro
jul.	ago.	set.	out.	nov.	dez.

C. Ouça e repita as estações do ano.

음성을 듣고 사계절의 명칭을 따라 읽어보세요.

ESTAÇÕES DO ANO			
a primavera	o verão	o outono	o inverno

D. Ouça e complete as frases.

음성을 듣고 문장을 완성해보세요.

1. Hoje é ______________________.
2. Estamos ______________________.
3. Hoje é ______________________.
4. Estamos ______________________.
5. Hoje é ______________________.
6. Estamos ______________________.

GRAMÁTICA 문법

A. -IR 동사의 직설법 현재: 제3변화 동사

포르투갈어의 모든 동사의 원형은 언제나 -r 끝나며, 대부분 -ar, -er, -ir의 규칙적인 어미를 사용한다. 이 중에서 -ir로 끝나는 동사를 제3변화 동사라고 하며, 다음과 같이 활용된다.

-IR			
Eu	-o	Nós	-imos
Tu	-es	Vós	-is
Ele / Ela / Você	-e	Eles / Elas / Vocês	-em

B. ASSISTIR 동사의 직설법 현재

주로 공연, 스포츠 경기, 영화, TV 프로그램 등을 '관람하다', '보다', '시청하다'의 의미로 사용하며, '...을 돕다'의 의미로도 사용된다.

ASSISTIR			
Eu	assisto	Nós	assistimos
Tu	assistes	Vós	assistis
Ele / Ela / Você	assiste	Eles / Elas / Vocês	assistem

- (Eu) Sempre **assisto** (à) TV em casa.
  난 집에서 항상 TV를 본다.
- (Nós) **Assistimos** jogos de futebol no sábado à noite.
  우리는 토요일 저녁에 축구 경기를 관람한다.
- Ele **assiste** muitas pessoas na doença.
  그는 많은 사람들이 아플 때 돕는다.

C. 조동사

포르투갈어에서 동사는 크게 (1) be동사, (2) 일반동사, (3) 조동사 세 종류로 나누어진다. 조동사는 일반동사와 함께 사용하여 일반동사를 도와주는 역할을 한다. 조동사는 인칭별로 주어에 따라 활용되지만, 조동사 다음에 오는 일반동사는 주어에 관계없이 동사원형으로 쓰인다. 부정문을 만들 때는 'não + 조동사 + 일반동사'의 순서로 쓴다.

poder 동사는 영어 can의 일부 기능을 수행하며, 동사원형과 함께 쓰여 '...할 수 있다', '...해도 된다', '...할지도 모른다'의 의미로 사용된다.

PODER			
Eu	posso	Nós	podemos
Tu	podes	Vós	podeis
Ele / Ela / Você	pode	Eles / Elas / Vocês	podem

- Você **pode** chegar na hora?
  너 시간 맞춰 도착할 수 있어?
- (Eu) **Posso** entrar?
  (제가) 들어가도 될까요?
- Isso **pode** ser verdade.
  그것은 사실일지도 모른다.

포르투갈어에서는 poder 동사가 표현할 수 없는 영어 can의 다른 기능을 수행하기 위해 saber 동사를 사용한다. saber 동사는 일반적으로 사실이나 지식 등을 '안다', '알고 있다'의 의미로 사용하지만, 뒤에 동사원형이 오면 '...하는 방법을 알고 있다', '...할 줄 안다'의 의미가 된다.

SABER			
Eu	sei	Nós	sabemos
Tu	sabes	Vós	sabeis
Ele / Ela / Você	sabe	Eles / Elas / Vocês	sabem

• Você **sabe** onde ela mora?
너 그녀가 어디에 사는지 아니?

• Ela **sabe** dançar samba?
그녀는 삼바를 출 줄 압니까?

• (Eu) **Sei** falar português.
난 포르투갈어를 할 줄 안다.

D. COSTUMAR 동사의 직설법 현재

'...하곤 한다'의 의미로, 뒤에 동사원형이 와서 반복적인 습관을 나타낼 때 사용한다.

COSTUMAR			
Eu	costumo	Nós	costumamos
Tu	costumas	Vós	costumais
Ele / Ela / Você	costuma	Eles / Elas / Vocês	costumam

• Ele **costuma** jogar futebol nos domingos.
그는 일요일마다 축구를 하곤 한다.

• (Eu) **Costumo** estudar à noite.
난 밤에 공부하곤 한다.

• (Nós) **Costumamos** ficar em casa no dia de chuva.
우리는 비가 오는 날에는 집에 있곤 한다.

※ 영어의 'be used to + (동)명사'와 유사한 형태로는 재귀동사를 활용한 'acostumar-se a + 동사원형'이 있으며, '...하는 데 익숙해지다'의 의미로 사용한다.

E. 재귀대명사와 재귀동사

재귀동사는 동사의 동작이 주어 자신의 행위임을 나타내기 위해 사용한다. 포르투갈어에는 인칭별로 me, te, se, nos, vos, se의 재귀대명사가 있는데, levantar 동사는 타동사로서 '들어 올리다'의 뜻이지만 재귀대명사와 함께 쓰여 '일어나다'의 의미를 지니게 된다.

LEVANTAR-SE			
Eu	me levanto	Nós	nos levantamos
Tu	te levantas	Vós	vos levantais
Ele / Ela / Você	se levanta	Eles / Elas / Vocês	se levantam

- (Eu) **Me levanto** cedo.
  난 일찍 일어난다.
- Ela **se deita** tarde.
  그녀는 늦게 잠자리에 든다.
- (Nós) **Nos encontramos com** eles.
  우리들은 그들과 만난다.

이 밖에도 상호동작을 나타내거나 불특정 주어를 나타낼 때도 재귀대명사가 사용된다.

- Eles **se** amam.
  그들은 서로 사랑한다.
- Onde **se** pega o ônibus?
  어디서 버스를 탈 수 있습니까?

재귀대명사가 동사의 뒤에 놓이는 경우에는 하이픈으로 반드시 연결되어야 하는데, 브라질식 포르투갈어에서는 동사가 3인칭 단수형으로 쓰여 수동의 의미를 나타내는 비인칭 구문에만 한정적으로 사용되며 동사 앞에 놓이는 것이 일반적이다. 이때 1인칭 복수형에 주의해야 한다.

LEVANTAR-SE			
Eu	levanto-me	Nós	levantamo-nos
Tu	levantas-te	Vós	levantais-vos
Ele / Ela / Você	levanta-se	Eles / Elas / Vocês	levantam-se

- Aluga-**se**. 임대합니다.
- Vende-**se**. 판매합니다.
- Procura-**se**. (사람을) 찾습니다.

F. 현재분사와 동시동작

현재분사는 동사의 원형에서 -r을 빼고 -ndo를 첨가하여 만들며, comer, estudar, ficar, voltar 등의 동사와 함께 현재분사가 사용되면 '...하면서 ...한다'의 의미를 나타낸다.

현재분사		
-AR동사	-ER동사	-IR동사
falar → falando	beber → bebendo	partir → partindo

- Minha filha **come falando**.
  내 딸은 말을 하면서 음식을 먹는다.
- (Eu) **Estudo ouvindo** música.
  난 음악을 들으며 공부한다.
- Ele **fica estudando** na biblioteca.
  그는 도서관에 남아서 공부한다.
- Vocês sempre **voltam brigando**.
  너희들은 항상 싸우면서 돌아온다.

G. 전치사의 결합형

전치사 a는 영어의 at, on, to 전치사와 유사하며, '...에', '...로'의 의미를 표현하기 위해 사용한다. 전치사와 정관사, 지시사 aquele, aquela, aqueles, aquelas, aquilo의 결합은 반드시 이루어져야 하나, 전치사와 부정관사, 인칭대명사, 기타 지시사와의 결합은 이루어지지 않는다.

전치사 A와 정관사의 결합형		
	단수	복수
남성	ao	aos
여성	à	às

- Eles se deitam **à** meia-noite.
  그들은 자정에 잠자리에 든다.
- Ela vai **ao** cinema.
  그녀는 영화관에 간다.

전치사 A와 지시사의 결합형					
	남성		여성		중성지시대명사
	단수	복수	단수	복수	
이(것)	-	-	-	-	-
그(것)	-	-	-	-	-
저(것)	àquele	àqueles	àquela	àquelas	àquilo

- (Eu) quero ir **àquele** museu.
  난 그 박물관에 가고 싶다.
- Você está se referindo **àquilo**?
  너 그것을 말하는 거니?

ATIVIDADES DE GRAMÁTICA 연습문제 

A. Complete as frases com os verbos dados no presente do indicativo.

주어진 동사를 직설법 현재로 활용하여 문장을 완성해보세요.

1. Eu ____________ (abrir) a janela.
2. Muita gente ____________ (assistir) a novela das oito.
3. Meus pais e eu ____________ (partir) hoje para o Brasil.
4. Os motoristas ____________ (discutir) com a polícia.
5. Eles ____________ (confundir) coreano com japonês muitas vezes.

B. Complete as frases com o verbo COSTUMAR no presente do indicativo e os outros verbos dados.

COSTUMAR 동사의 직설법 현재형과 주어진 동사를 활용하여 문장을 완성해보세요.

1. Eu ____________ (comer) fora de casa.
2. Eles ____________ (deitar-se) tarde.
3. Você ____________ (praticar) esporte?
4. Nós ____________ (pegar) o ônibus.
5. Os senhores ____________ (jogar) golfe?

C. Complete com a preposição A.

전치사 A를 빈칸에 알맞게 채워 넣어보세요.

1. Ele tem aulas __________ nove horas da manhã.
2. Nós partimos __________ praia hoje.
3. Marta chega __________ uma hora.
4. Eles assistem TV __________ noite.
5. O filme começa __________ quatro e meia da tarde.

COMPREENSÃO ESCRITA 읽기 

A. Leia e assinale.

아래 글을 읽고 맞는 내용(V)과 틀린 내용(F)을 찾아보세요.

O Renato tem vinte anos. Está estudando Economia. Normalmente, ele acorda muito cedo. Costuma se levantar às seis da manhã. Depois de tomar banho, ele toma o café da manhã e sai de casa às sete e meia. Pega o metrô para a universidade. Sempre tem aulas das nove da manhã às três da tarde. Ele costuma almoçar no bandejão ao meio-dia. Quando não tem aulas à tarde, fica estudando na biblioteca. Ele dorme às onze da noite. Joga bola ou costuma ir ao cinema com os amigos no fim de semana.

1. O Renato se levanta às 7h00. V □ F □
2. O Renato sai de casa às 7h30. V □ F □
3. O Renato costuma pegar o ônibus para a universidade. V □ F □
4. Ele assiste aulas das 9h00 às 15h00. V □ F □
5. Ele joga bola todas as tardes. V □ F □
6. Ele costuma ir ao cinema no fim de semana. V □ F □

PRODUÇÃO ESCRITA 쓰기

Etapa 1. 자신의 다이어리를 써보세요.

	ABRIL – 3.ª SEMANA
2.ª feira	
3.ª feira	
4.ª feira	
5.ª feira	
6.ª feira	
Sábado	
Domingo	*Tenho que limpar a casa.*

Etapa 2. Etapa 1을 참고하여 자신의 일상생활을 소개하는 글을 써보세요.

CULTURA 문화

- 국가마다 각기 다른 국경일과 절기가 있습니다. 브라질은 어떨까요?
- 우리의 국경일, 절기와 비교할 때 어떤 차이점이 있나요?

CALENDÁRIO BRASILEIRO		
janeiro 1º Confraternização Universal Férias escolares de verão	fevereiro Carnaval	março 21 Início do Outono
abril 21 Tiradentes	maio 1º Dia do Trabalho Dia das Mães (2° domingo)	junho 12 Dia dos Namorados 21 Início do Inverno Festas juninas
julho Férias escolares de inverno	agosto Férias escolares de inverno Dia dos Pais (2º domingo)	setembro 7 Dia da Independência 22 Início da Primavera
outubro 12 Nossa Sra. da Aparecida (Padroeira do Brasil) Dia das Crianças	novembro 2 Finados 15 Proclamação da República	dezembro 21 Início do Verão 25 Natal Férias escolares de verão

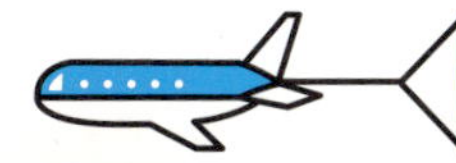

UNIDADE VII

Hoje faz sol!
오늘은 화창해!

Metas de aprendizagem 학습목표

- 계절, 날씨 관련 표현 익히기
- 감정·상태, 선호·취향 관련 정보 묻고 답하기

OUTONO

INVERNO

PRIMAVERA

VERÃO

ENTRANDO NO ASSUNTO ...

1. 여러분은 어떤 계절을 가장 좋아하나요?
2. 좋아하는 이유를 말해보세요.

ORALIDADE 듣기

A. Ouça e repita.

대화를 듣고 따라 읽어보세요.

B. Ouça e assinale.

대화를 듣고 해당하는 그림을 찾아 알맞은 번호를 쓰세요.

1. M: Que frio!
   H: Está nevando.
   M: Será que vai parar?
   H: Acho que não. Vai nevar o dia inteiro.

2. M: O céu está muito escuro.
   H: É. Acho que vai chover.

3. H: Qual você prefere, o verão ou o outono?
   M: Prefiro o outono.
   H: Por quê?
   M: Porque não gosto do calor.

C. Trabalho em par

여러분의 동기에게 다음의 예시와 같이 어떤 계절을 좋아하는지 질문해보세요.

Ex Qual estação do ano você prefere?

ORALIDADE 2 듣기 2

A. Ouça e repita.

음성을 듣고 따라 읽어보세요.

1. O tempo está agradável.	4. Acho que amanhã vai chover.
2. Que calor!	5. Que chuva!
3. Como vai ficar o tempo amanhã?	6. Prefiro o verão ao inverno.

B. Faça a correspondência.

질문의 내용에 따른 적절한 대답을 선택하여 연결해보세요.

1. Como está o tempo hoje? •	• a. Amanhã o tempo vai ficar frio.
2. Como vai ficar o tempo amanhã? •	• b. Prefiro o inverno ao verão.
3. Você prefere o verão ou o inverno? •	• c. É primavera.
4. Qual é a sua estação do ano preferida? •	• d. Porque eu gosto das flores.
5. Por que você gosta da primavera? •	• e. Hoje faz sol.

GRAMÁTICA 문법

A. GOSTAR 동사의 직설법 현재

'...을 좋아하다'의 의미로, 반드시 전치사 de를 수반하여 목적어를 취한다.

GOSTAR			
Eu	gosto	Nós	gostamos
Tu	gostas	Vós	gostais
Ele / Ela / Você	gosta	Eles / Elas / Vocês	gostam

- A gente **gosta de** jogar bola.
  우리는 축구하는 것을 좋아한다.
- (Eu) **Gosto de** café.
  난 커피를 좋아한다.

B. PREFERIR 동사의 직설법 현재

'...을 더 좋아하다', '...을 선호하다'의 의미의 준규칙 활용 동사로, 전치사 a를 수반하여 비교 대상을 표현한다.

PREFERIR			
Eu	prefiro	Nós	preferimos
Tu	preferes	Vós	preferis
Ele / Ela / Você	prefere	Eles / Elas / Vocês	preferem

- A gente **prefere** ficar aqui.
  우리는 여기 있는 것이 더 좋다.
- (Eu) **Prefiro** o verão **ao** inverno.
  난 겨울보다 여름을 선호한다.

C. 직설법 미래

포르투갈어의 직설법 미래는 모든 동사가 동일한 어미를 활용하여 '...하겠다', '...할 것이다' 등의 의미를 표현한다.

-AR, -ER, -IR			
Eu	-ei	Nós	-emos
Tu	-ás	Vós	-eis
Ele / Ela / Você	-á	Eles / Elas / Vocês	-ão

FALAR			
Eu	falarei	Nós	falaremos
Tu	falarás	Vós	falareis
Ele / Ela / Você	falará	Eles / Elas / Vocês	falarão

APRENDER			
Eu	aprenderei	Nós	aprenderemos
Tu	aprenderás	Vós	aprendereis
Ele / Ela / Você	aprenderá	Eles / Elas / Vocês	aprenderão

PARTIR			
Eu	partirei	Nós	partiremos
Tu	partirás	Vós	partireis
Ele / Ela / Você	partirá	Eles / Elas / Vocês	partirão

- Algum dia ela **comprará** uma casa.
  언젠가 그녀는 집을 한 채 살 것이다.
- Eles **aprenderão** a falar português.
  그들은 포르투갈어 말하는 법을 배울 것이다.
- Eu **partirei** amanhã.
  나는 내일 떠날 것이다.

단, dizer, fazer, trazer 등과 같이 -zer로 끝나는 동사는 다음과 같이 변화한다.

DIZER			
Eu	direi	Nós	diremos
Tu	dirás	Vós	direis
Ele / Ela / Você	dirá	Eles / Elas / Vocês	dirão

FAZER			
Eu	farei	Nós	faremos
Tu	farás	Vós	fareis
Ele / Ela / Você	fará	Eles / Elas / Vocês	farão

TRAZER			
Eu	trarei	Nós	traremos
Tu	trarás	Vós	trareis
Ele / Ela / Você	trará	Eles / Elas / Vocês	trarão

- Vocês **dirão** a verdade.
  너희들은 진실을 말할 것이다.
- (Eu) **Farei** o possível.
  난 최선을 다할 것이다.
- Ela **trará** a sobremesa.
  그녀가 후식을 가져올 것이다.

※ 브라질식 포르투갈어에서는 직설법 미래 활용형 대신 영어와 유사하게 ir동사의 현재형 뒤에 동사 원형을 붙여 사용하는 것이 일반적이다.

- (Eu) **Vou tomar** banho.
  난 목욕을 할 것이다.
- Amanhã **vai ficar** frio.
  내일은 추워질 것이다.

- Eles **vão terminar** o trabalho ainda hoje.
  그들은 오늘 중으로 일을 끝낼 것이다.

D. 현재진행형

현재진행형은 estar 동사에 현재분사를 첨가하여 '...하고 있는 중이다'의 의미로 사용하며, andar, ir, vir 동사를 사용하여 진행의 의미 외에 지속적인 변화의 의미를 나타내기도 한다.

- O que você **está fazendo**?
  넌 뭐 하고 있니?
- A menina **anda perguntando** para todo mundo.
  그 소녀는 모든 사람들에게 질문하고 다닌다.
- O Brasil **vai fazendo** grande progresso.
  브라질은 점점 큰 발전을 해 나갈 것이다.
- O sol **vem nascendo**.
  태양이 떠오르고 있다.

E. 감탄문

포르투갈어의 감탄문은 que 뒤에 명사, 형용사가 오거나 como 뒤에 동사를 첨가하여 만든다.

- **Que bonito**!
  아이 예뻐라!
- **Que calor**!
  아이 더워라!
- **Que legal**!
  참 좋네!
- **Que vergonha**!
  아이 창피해!

- **Como falam** bem português!
  쟤들은 포르투갈어를 정말 잘하는구나!

놀람이나 경탄을 표현하는 다음과 같은 감탄사도 많이 쓰인다.

- **Nossa**! 이런!
- **Meu Deus**! 맙소사!
- **Puxa**! 아뿔싸!

ATIVIDADES DE GRAMÁTICA 연습문제 

A. Complete as frases com os verbos GOSTAR ou PREFERIR no presente do indicativo.

GOSTAR 혹은 PREFERIR 동사의 직설법 현재로 활용하여 문장을 완성해보세요.

1. Nós ______________ de música.
2. Eu ______________ a outra sala à esta.
3. Você ______________ ficar em casa?
4. Ela ______________ viajar de carro.
5. A gente ______________ assistir a aula a sair daqui.
6. Vocês ______________ de falar com ela?
7. Eu ______________ ver filmes a ler livros.
8. Vocês ______________ morar em casa ou apartamento?
9. O senhor ______________ frango ou peixe?
10. Ele ______________ muito dela.

B. Complete as frases com o verbo IR no presente do indicativo.

IR 동사의 직설법 현재로 활용하여 문장을 완성해보세요.

1. Ele ______________ visitar os pais dele hoje à noite.
2. Eles não ______________ estudar hoje.
3. A que horas ______________ começar a peça?
4. Eu ______________ viajar para o Japão.
5. Quando ______________ terminar o jogo?

C. Complete as frases com o verbo ESTAR no presente indicativo e os verbos no gerúndio.

ESTAR 동사의 직설법 현재형과 현재분사를 활용하여 문장을 완성해보세요.

1. Eu __________ __________ (procurar) minha chave.
2. Eles __________ __________ (ver) o jogo de futebol na TV.
3. Nós __________ __________ (fazer) uma viagem pelo Brasil.
4. Ela __________ __________ (ligar) ao professor Teixeira.
5. Hoje __________ __________ (chover).

COMPREENSÃO ESCRITA 읽기

A. Leia e responda.

다음의 내용을 읽고 대답해보세요.

HEMISFÉRIO SUL

PRIMAVERA

21/09 até 20/12

VERÃO

21/12 até 20/03

OUTONO

21/03 até 20/06

INVERNO

21/06 até 20/09

Observe a inversão das estações nos hemisférios.

OUTONO

21/09 até 20/12

INVERNO

21/12 até 20/03

PRIMAVERA

21/03 até 20/06

VERÃO

21/06 até 20/09

HEMISFÉRIO NORTE

PRIMAVERA	VERÃO	OUTONO	INVERNO
Na primavera, há muitas flores.	No verão, faz muito calor.	No outono, as folhas ficam vermelhas.	No inverno, faz muito frio.

• Qual é a sua estação do ano preferida? Por quê?

PRODUCÇÃO ESCRITA 쓰기

Etapa 1. 다음의 표를 작성해보세요.

BRASIL			
	Início	Término	Característica
PRIMAVERA			
VERÃO			
OUTONO			
INVERNO			

COREIA			
	Início	Término	Característica
PRIMAVERA			
VERÃO			
OUTONO			
INVERNO			

Etapa 2. Etapa 1을 참고하여 한국과 브라질의 계절을 비교하고 각 계절의 특징을 소개하는 글을 써보세요.

CULTURA 문화

• 브라질 사람들은 지역마다 각기 다른 특색을 지니고 있습니다. 대표적인 특색에는 어떤 것들이 있을까요?

1.

2.

3.

4.

1. Paulista: 상파울루주에 거주하는 사람으로 주로 일에 묶여 항상 바쁘며 시간에 쫓겨 삽니다. 더 많은 돈을 벌기 위해 바쁜 생활도 감내하며, 막상 여유가 생겨도 제대로 즐길 줄 모릅니다.
2. Carioca: 리우데자네이루시에 거주하는 사람으로 대다수 성격이 느긋하며 바닷가에서 쉬는 것을 좋아합니다. 유머와 농담을 즐기며 삶의 여유를 찾습니다.
3. Gaúcho/a: 히우그란지두술주에 거주하는 사람으로 독일, 이탈리아 등 유럽 이민자의 후손이 많이 거주하고 있습니다. 지형적 조건 탓에 전통적으로 목축업에 종사하는 사람들이 다수를 차지했던 이 지역은 상대적으로 보수적이고 남성 중심적인 문화가 강한 편이며, Churrasco라는 숯불 바비큐와 Chimarrão라는 차를 즐겨 마십니다.
4. Mineiro/a: 미나스제라이스주에 거주하는 사람들로 경우 말수가 적고, 좀처럼 진심을 드러내지 않습니다. 절약 정신이 지나쳐 구두쇠 소리도 듣습니다.

• 우리의 지역별 특색에는 어떤 것이 있나요?

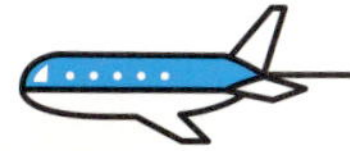

UNIDADE VIII

Como faço para chegar lá?
거긴 어떻게 가?

Metas de aprendizagem 학습목표

- 교통수단, 방향, 도시, 장소 관련 표현 익히기
- 목적지와 이동수단에 대해 묻고 답하기

ENTRANDO NO ASSUNTO ...

1. 여러분은 하루에 얼마나 많은 교통수단을 이용하나요?
2. 매일 이용하는 교통수단을 이야기해보세요.

ORALIDADE 듣기

A. Ouça e repita.

대화를 듣고 따라 읽어보세요.

B. Ouça e assinale.

대화를 듣고 대화 장소에 해당하는 그림을 찾아 알맞은 번호를 쓰세요.

1. M: Com licença! Sabe onde posso pegar o ônibus para a Av. Paulista?
   H: Sim, sim... A parada é ali do outro lado da rua.

2. M: Faz favor, esse metrô vai para a universidade?
   H: Não. Este vai para o aeroporto.

3. H: Desculpe, esse ônibus passa pela universidade?
   M: Sim, passa.

4. H: Com licença! Sabe onde posso comprar a passagem do metrô?
   M: Pode comprar ali nas máquinas.

C. Ouça e repita as frases.

문장을 듣고 따라 읽어보세요.

1. Com licença, pode me ajudar?

2. Para onde vai esse ônibus?

3. Por onde passa esse ônibus?

4. Quanto tempo demora?

5. Onde posso comprar a passagem?

6. Quanto custa a passagem?

GRAMÁTICA 문법

A. PRECISAR 동사의 직설법 현재

'...을 필요로 하다'의 의미로, 명사가 뒤에 올 경우에는 반드시 전치사 de를 수반하여 목적어를 취하고 동사가 올 경우에는 전치사를 수반하지 않는다.

PRECISAR			
Eu	preciso	Nós	precisamos
Tu	precisas	Vós	precisais
Ele / Ela / Você	precisa	Eles / Elas / Vocês	precisam

- (Nós) **Precisamos** conversar.
  우리는 대화가 필요하다.
- (Eu) **Preciso de** uma caneta.
  난 펜이 한 개 필요하다.
- Você **precisa de** ajuda.
  넌 도움이 필요해.

B. DEVER 동사의 직설법 현재

dever 동사는 영어의 must와 유사하며, 동사원형과 함께 쓰여 '...해야만 한다', '...임에 틀림없다'의 의미로 사용된다.

DEVER			
Eu	devo	Nós	devemos
Tu	deves	Vós	deveis
Ele / Ela / Você	deve	Eles / Elas / Vocês	devem

- (Nós) **Devemos** respeitar a opinião dos outros.
  우리는 다른 사람들의 의견을 존중해야만 한다.

• Eles **devem** ser irmãos.
그들은 형제임에 틀림없다.

• Isso **deve** ser uma mentira.
그것은 거짓말이 틀림없다.

C. 전치사의 결합형

전치사 por는 '...를 통해', '... 동안', '... 때문에', '...에 의해'의 의미를 표현하기 위해 사용한다. 전치사와 정관사의 결합은 반드시 이루어져야 하나, 전치사와 부정관사, 인칭대명사, 지시사의 결합은 이루어지지 않는다.

전치사 POR와 정관사의 결합형		
	단수	복수
남성	pelo	pelos
여성	pela	pelas

• O ônibus passa **pela** Av. Paulista.
그 버스는 파울리스타 대로를 통과해서 지나간다.

• Ela vai ficar no Brasil **por** cinco anos.
그녀는 브라질에 5년간 체류할 것이다.

• Este trabalho é feito **por** mim com muito carinho.
이 일은 내가 무척 공들인 것이다.

ATIVIDADES DE GRAMÁTICA 연습문제 

A. Complete as frases com os verbos PRECISAR, PODER ou SABER no presente do indicativo.

PRECISAR, PODER 혹은 SABER 동사의 직설법 현재로 활용하여 문장을 완성해보세요.

1. Eu não ______________ falar japonês.
2. Ele ______________ de um mapa.
3. Você ______________ esquiar muito bem.
4. Eu ______________ comprar um dicionário de português.
5. Vocês ______________ cozinhar?
6. Márcia ______________ ir ao supermercado.
7. Vocês ______________ perguntar para o motorista.
8. Você ______________ mudar de linha.
9. Onde eu ______________ comprar a passagem?
10. Nós ______________ descer nesta estação.

B. Complete com as preposições DE ou POR.

전치사 DE 혹은 POR를 활용하여 문장을 완성해보세요.

1. O metrô passa ______________ Praça da Sé.
2. Amanhã vou ______________ carro do Pedro.
3. Nós vamos ______________ trem mas eles vão ______________ avião.
4. Eles nunca passam ______________ ponte.
5. Ela vem ______________ bicicleta todos os dias.

COMPREENSÃO ESCRITA 읽기 

A. Leia e responda.

아래 지도를 보고 대답해보세요.

1. Você sabe onde fica o MASP?

2. Onde é o Parque Trianon, por favor?

3. Por favor, como faço para chegar ao Hospital das Clínicas?

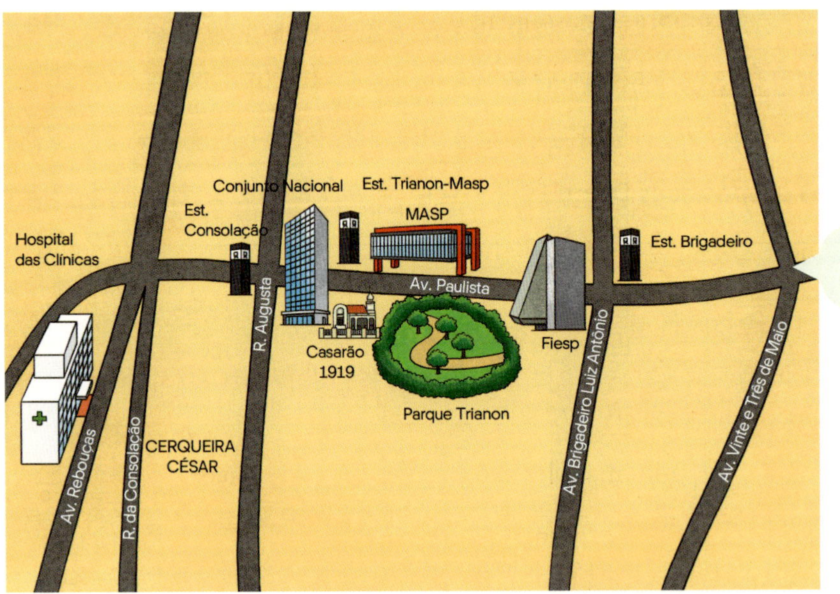

PRODUÇÃO ESCRITA 쓰기

Etapa 1. 자신의 일상과 이용하는 교통수단에 대해 써보세요.

Etapa 2. Etapa 1을 참고하여 자신이 사는 도시의 대중교통에 대해 소개하는 글을 써보세요.

CULTURA 문화

- 브라질은 대중교통이 잘 발달하지 않고 대도시의 경우 교통체증도 심해서 처음 도착한 경우에는 지하철이나 버스를 이용하기가 쉽지 않습니다. 게다가 택시요금도 비싼 편이어서 상대적으로 편리하고 저렴한 우버 택시나 관련 유사 서비스를 많이 이용합니다.

- 우리의 대중교통은 어떤가요?

UNIDADE IX

Estou com fome ...

나 배고파 ...

Metas de aprendizagem 학습목표

- 신체 상태 및 음식 관련 표현 익히기
- 경험 유무와 선호도에 대한 의견 묻고 답하기
- 완곡어법을 활용한 격식체 사용하기

ENTRANDO NO ASSUNTO ...

1. 각국의 문화를 대표하는 음식에는 어떤 것이 있을까요?
2. 각 나라의 음식을 연결해보세요.

ORALIDADE 1 듣기 1 

A. Ouça e repita.

대화를 듣고 따라 읽어보세요.

B. Ouça e assinale.

대화를 듣고 맞는 내용(V)과 틀린 내용(F)을 찾아보세요.

Ana	Fernando, você não está com fome?
Fernando	Sim, estou com muita fome ...
Ana	Você já conhece o restaurante mineiro no bairro Jardim Paulista?
Fernando	Não, ainda não conheço. Quero experimentar a comida mineira.
Ana	Que tal almoçar lá?
Fernando	Boa ideia!

1. O Fernando está com muita fome. V □ F □
2. O Fernando já conhece o restaurante mineiro. V □ F □
3. O restaurante mineiro fica no bairro Jardim Paulista. V □ F □
4. O Fernando não quer comer a comida mineira. V □ F □
5. A Ana já está almoçando. V □ F □
6. Eles vão almoçar no restaurante mineiro. V □ F □

C. Ouça e repita as frases.

문장을 듣고 따라 읽어보세요.

1. Você já conhece o restaurante mineiro?
2. Estive lá na semana passada.
3. Não, ainda não conheço.
4. Tomei o café há pouco.
5. Quero experimentar a comida mineira.
6. Vamos lá, então!
7. Que tal almoçar lá?
8. Boa ideia!

ORALIDADE 2 듣기 2

A. Ouça e complete.

대화를 듣고 빈칸에 알맞은 표현을 넣어 문장을 완성해보세요.

Cliente	______________, por favor.
Garçom	Aqui está. ______________?
Cliente	______________ um filé com fritas e uma salada verde.
Garçom	Bem passado ou malpassado?
Cliente	______________, por favor.
Garçom	E para beber?
Cliente	Uma água mineral com gás.
Garçom	______________?
Cliente	Sim, por favor.
Garçom	______________. Gostaria de mais alguma coisa?
Cliente	______________, por favor?
Garçom	Sim, trago já.

B. Ouça e identifique.

음성을 듣고 해당하는 낱말을 써보세요.

• REFEIÇÕES

1. ______________ 2. ______________ 3. ______________

4. ______________ 5. ______________ 6. ______________

• BEBIDAS

1. ______________ 2. ______________ 3. ______________

4. ______________ 5. ______________ 6. ______________

• SOBREMESAS E FRUTAS

1. ______________ 2. ______________ 3. ______________

4. ______________ 5. ______________ 6. ______________

7. ______ 8. ______ 9. ______

• LANCHES

1. ______ 2. ______ 3. ______

4. ______ 5. ______ 6. ______

C. Trabalho em par

여러분의 동기에게 다음의 예시와 같이 가장 좋아하는 음식에 대해 질문해보세요.

Ex Qual é a sua comida preferida?

GRAMÁTICA 문법

A. ESTAR com + 추상명사

주어의 감정이나 신체의 상태를 나타낼 때 쓰는 표현으로 <ter + 추상명사>와 같은 의미로 쓰인다. 단, <estar com + 추상명사>는 일시적인 상태를 나타내는 경우에 한하여 사용하고, <ter + 추상명사>는 지속적이고 습관적인 상태를 나타낼 때 사용한다.

- estar com calor 덥다
- estar com dor de barriga 배가 아프다
- estar com dor de cabeça 머리가 아프다
- estar com dor de dente 이가 아프다
- estar com fome 배고프다
- estar com frio 춥다
- estar com medo 무섭다
- estar com raiva 화가 난다
- estar com sede 갈증 난다
- estar com sono 졸리다
- estar com sorte 운이 좋다

B. QUERER 동사의 직설법 현재

'...을 원하다', '...을 하고 싶다'라는 의미의 준규칙 동사로, 주로 뒤에 동사원형을 첨가하여 조동사로 사용한다.

QUERER			
Eu	quero	Nós	queremos
Tu	queres	Vós	quereis
Ele / Ela / Você	quer	Eles / Elas / Vocês	querem

- Meus amigos **querem** me ajudar.
  내 친구들은 나를 돕고 싶어 한다.

- (Nós) **Queremos** ver este filme.
  우리는 이 영화를 보기를 원한다.

- (Eu) **Quero** estudar no Brasil no ano que vem.
  난 내년에 브라질에서 공부하고 싶다.

C. CONHECER 동사의 직설법 현재

'(사람·장소 등)을 안다', '(사람·장소 등)을 알고 있다'라는 의미의 준규칙 동사로, saber 동사와 달리 직접적인 경험을 통한 실질적인 체험의 의미를 나타낸다.

CONHECER			
Eu	conheço	Nós	conhecemos
Tu	conheces	Vós	conheceis
Ele / Ela / Você	conhece	Eles / Elas / Vocês	conhecem

- (Eu) **Conheço** o Brasil. 난 브라질에 가봤다.
- Você **conhece** o trabalho? 너 그 일 해봤니?
- (Eu) **Conheço** o Pedro. 난 페드루를 만나봤다.

D. PEDIR 동사의 직설법 현재

'...을 부탁하다[요청하다]', '...을 요구하다[주문하다]'라는 의미의 준규칙 동사로, 'pedir + 사람 + para + 동사원형'은 '사람에게 ...하여달라고 부탁하다'의 뜻으로 사용한다.

PEDIR			
Eu	peço	Nós	pedimos
Tu	pedes	Vós	pedis
Ele / Ela / Você	pede	Eles / Elas / Vocês	pedem

- O aluno me **pede** para falar mais devagar.
  그 학생이 나에게 좀 더 천천히 말해달라고 요청한다.
- Ele sempre **pede** um chope.
  그는 항상 생맥주를 주문한다.
- Ela não **pede** nada a ninguém.
  그녀는 그 누구에게 그 어떤 부탁도 하지 않는다.

E. -AR 동사의 직설법 완전과거: 제1변화 동사

-ar 동사의 직설법 완전과거는 과거에 완료된 동작, 상태를 표현하기 위해 사용하며 다음과 같이 활용된다.

-AR			
Eu	-ei	Nós	-amos
Tu	-aste	Vós	-astes
Ele / Ela / Você	-ou	Eles / Elas / Vocês	-aram

※ 직설법 완전과거의 1인칭 복수형은 모든 동사에서 직설법 현재와 동일하게 변화한다.

F. TOMAR 동사의 직설법 완전과거

'...을 먹다[복용하다]', '...을 마시다', '(샤워 · 일광욕 등을) 하다', '...을 잡다[집다]', '...을 장악하다[차지하다]', '(교통수단 등)을 타다[이용하다]'라는 의미로 사용되는 규칙동사이다.

TOMAR			
Eu	tomei	Nós	tomamos
Tu	tomaste	Vós	tomastes
Ele / Ela / Você	tomou	Eles / Elas / Vocês	tomaram

- (Eu) Já **tomei** o café da manhã.
  난 이미 아침 식사를 했다.
- Você **tomou** remédio?
  너 약 먹었니?
- (Nós) **Tomamos** banho em casa.
  우리는 집에서 샤워를 했다.

G. -ER 동사의 직설법 완전과거: 제2변화 동사

-er 동사의 직설법 완전과거는 과거에 완료된 동작, 상태를 표현하기 위해 사용하며 다음과 같이 활용된다.

-ER			
Eu	-i	Nós	-emos
Tu	-este	Vós	-estes
Ele / Ela / Você	-eu	Eles / Elas / Vocês	-eram

H. COMER 동사의 직설법 완전과거

'...을 먹다', '식사하다'라는 의미로 사용되는 규칙동사이다.

COMER			
Eu	comi	Nós	comemos
Tu	comeste	Vós	comestes
Ele / Ela / Você	comeu	Eles / Elas / Vocês	comeram

- (Eu) **Comi** no bandejão.
  난 구내식당에서 먹었다.
- Você já **comeu** tudo?
  너 벌써 다 먹었니?
- Eles sempre **comeram** um lanche de rua.
  그들은 항상 길거리 간식을 먹었다.

I. QUE TAL + 명사/동사원형

'...하는 건 어때', '...할까'의 의미로 제안 혹은 권유형 문장을 만들 때 사용된다. 영어의 'what about ...', 'how about ...'과 유사한 유형이다.

- **Que tal** um cinema? 영화 어때?
- **Que tal** almoçar lá? 거기서 점심 먹는 거 어때?

J. 완곡어법

'...하고 싶습니다', '...해주시겠습니까?'와 같은 완곡한 표현을 만들기 위해서 과거미래형을 사용한다. querer 동사의 경우에는 직설법 불완전과거가 완곡어법으로 사용되며, 과거미래형을 사용하여 완곡어법으로 사용되는 동사는 gostar 동사와 poder 동사가 있다.

QUERER			
Eu	queria	Nós	queríamos
Tu	querias	Vós	queríeis
Ele / Ela / Você	queria	Eles / Elas / Vocês	queriam

GOSTAR			
Eu	gostaria	Nós	gostaríamos
Tu	gostarias	Vós	gostaríeis
Ele / Ela / Você	gostaria	Eles / Elas / Vocês	gostariam

PODER			
Eu	poderia	Nós	poderíamos
Tu	poderias	Vós	poderíeis
Ele / Ela / Você	poderia	Eles / Elas / Vocês	poderiam

- Eu **queria** encontrar o senhor.
  난 당신을 만나고 싶습니다.
- A senhora **gostaria de** falar com o gerente?
  부인께서는 매니저님과 말씀 나누시길 원하십니까?
- O senhor **poderia** fazer um favor?
  부탁 좀 들어주시겠습니까?

ATIVIDADES DE GRAMÁTICA 연습문제 

A. Complete as frases com os verbos CONHECER ou QUERER no presente do indicativo.

CONHECER 혹은 QUERER 동사의 직설법 현재로 활용하여 문장을 완성해보세요.

1. O senhor já ____________ o Brasil?
2. Eu ____________ um bolo.
3. Vocês se ____________?
4. Você ____________ chá?
5. A gente ____________ um café gelado.

B. Preenche os espaços com o pretérito perfeito do indicativo dos verbos dados.

주어진 동사를 직설법 완전과거로 활용하여 빈칸을 채워 넣어보세요.

1. O senhor já ____________ (comer) a comida brasileira?
2. Eu ____________ (comprar) um carro ontem.
3. Quanto ____________ (custar) o livro?
4. Eu ____________ (ficar) em casa anteontem.
5. Ontem eu ____________ (convidar) meus amigos para o jantar.
6. Nós ____________ (procurar) a caneta.
7. A menina ____________ (perguntar) muitas coisas para mim.
8. Você ____________ (mudar) de casa?
9. Onde vocês ____________ (pegar) a passagem?
10. Nós ____________ (conhecer) aqui.

C. Complete as frases com os verbos de cortesia.

완곡어법을 활용하여 문장을 완성해보세요.

1. Eu ____________ falar com o diretor.

2. A senhora ____________ me informar onde fica o correio?

3. Você ____________ fechar a porta?

COMPREENSÃO ESCRITA 읽기

A. Leia e assinale.

다음의 내용을 읽고 맞는 내용(V)과 틀린 내용(F)을 찾아보세요.

• O que teremos para o almoço?

	seg	ter	qua	qui	sex
salada	Salada verde	Salada de tomate	Salada de cenoura e alface lisa	Salada de chuchu com ovo cozido	Salada de alface americana
prato principal	Filé grelhado	Filé frango grelhado	Filé com molho shoyo	Carne assada	Crepe de carne e queijo com molho
acompanhamento	Risoto de queijo	Arroz com feijão	Arroz branco com tomate natural	Arroz com feijão	Arroz com espinafre
sobremesa	Abacaxi	Gelatina	Melão	Mousse de maracujá	Melancia
suco	Laranja	Maracujá	Limonada	Tangerina	Laranja

1. No almoço de segunda, vamos comer uma carne grelhada com risoto. V ☐ F ☐
2. Na sobremesa de terça, vamos tomar um suco de laranja. V ☐ F ☐
3. No prato principal de quarta, teremos um frango. V ☐ F ☐
4. Na salada de quinta, vamos comer chuchu e ovo cozido. V ☐ F ☐
5. No almoço de sexta, vamos tomar uma limonada. V ☐ F ☐
6. Na sobremesa de sexta, vamos comer uma melancia. V ☐ F ☐

PRODUÇÃO ESCRITA 쓰기

Etapa 1. 자신의 식단을 작성해보세요.

	Café da manhã	Almoço	Jantar	Lanche	Lista de Compras
Dom					
Seg					
Ter					
Qua					
Qui					
Sex					
Sáb					

Etapa 2. Etapa 1을 참고하여 자신의 한 주간 식단을 소개하는 글을 써보세요.

CULTURA 문화

- 브라질은 전 세계에서 미국 다음으로 커피를 선호하고 많이 마시는 국가입니다. 또한 자타가 공인하는 세계 제1의 커피 생산국이기도 합니다. 실제로 커피는 브라질 사람들에게 있어서 없어서는 안 될 에너지원이기도 하면서 의사소통의 상징적인 매개체이자 19세기 브라질 경제 성장의 역군으로 남아메리카 최대의 경제도시 São Paulo가 오늘날과 같은 대도시로 발전하는 데 있어 가장 큰 원동력을 제공한 일등 공신입니다. 그러나 사실 브라질이 이렇듯 커피 명가(名家)로 명성을 떨칠 수 있게 된 데에는 남모를 노력이 숨어있습니다.
- 브라질 사람들은 언제부터 커피를 마시게 된 걸까요?

브라질에서 커피가 재배되기 시작한 것은 18세기 중반부터로 인도네시아를 비롯한 초창기 커피 재배국들이 17세기 말부터 커피를 생산했다는 점을 고려한다면 상당히 늦은 셈이었습니다. 이처럼 커피가 뒤늦게 재배되기 시작한 것은 당시만 해도 커피가 고소득을 보장하는 황금작물이었기 때문에 생산국들마다 커피나무의 국외이전을 엄격히 제한했기 때문이었습니다. 그럼에도 불구하고 브라질이 커피나무를 국내에 들여오고 커피생산 및 수출 대국으로 발돋움하게 된 것은 1727년 브라질 Maranhão주의 육군상사 Francisco de Melo Palheta가 기아나 총독 부인의 환심을 사 그 도움으로 몰래 커피나무 씨앗과 5그루의 묘목을 브라질에 들여온 덕분이었습니다. 이렇게 어렵사리 들여온 탓인지 브라질 사람들은 커피를 굉장히 소중하게 여기고 커피 한잔을 걸러 내는 데도 커피의 풍미를 최대한 즐기기 위한 각자 나름의 노하우를 지니고 있습니다.

MEMO

UNIDADE X

Vamos às compras?
우리 쇼핑 갈까?

Metas de aprendizagem 학습목표

- 패션 및 쇼핑 관련 표현 익히기
- 쇼핑 관련 정보 묻고 답하기
- 시간의 순서에 따라 서술하고 상태 묘사하기

ENTRANDO NO ASSUNTO ...

1. 여러분은 어떤 스타일의 옷을 즐겨 입나요?
2. 자신만의 스타일을 소개해보세요.

ORALIDADE 듣기

A. Ouça e repita.

대화를 듣고 따라 읽어보세요.

B. Ouça e assinale.

대화를 듣고 맞는 내용(V)과 틀린 내용(F)을 찾아보세요.

Empregada	Bom dia. Posso ajudar?
André	Bom dia, gostaria de ver uma camisa.
Empregada	Temos vários modelos. Pode ficar à vontade.
André	Posso provar essa branca?
Empregada	Claro! Qual é o seu tamanho?
André	Médio, por favor.
Empregada	O provador fica ali no fundo.
[*Alguns minutos depois* ...]	
André	Gostei. Vou levar essa.
Empregada	Mais alguma coisa?
André	Não, obrigado. É só isso.

1. O André quer ver uma camisa. V ☐ F ☐
2. O André gostou da camisa azul. V ☐ F ☐
3. O André usa camisas do tamanho médio. V ☐ F ☐
4. Ele não quer provar a camisa. V ☐ F ☐
5. Ele quer comprar mais camisas. V ☐ F ☐
6. O provador fica na frente. V ☐ F ☐

C. Ouça e identifique.

음성을 듣고 해당하는 낱말을 써보세요.

• ROUPAS, ACESSÓRIOS E CALÇADOS

1. ____________________

2. ____________________

3. ____________________

4. ____________________

5. ____________________

6. ____________________

7. ____________________

8. ____________________

9. ____________________

10. ______________ 11. ______________ 12. ______________

13. ______________ 14. ______________ 15. ______________

• CORES

D. Trabalho em par

여러분의 동기에게 다음의 예시와 같이 어떤 스타일의 패션을 좋아하는지 질문해보세요.

Ex Com que tipo de roupa você gosta de se vestir?

GRAMÁTICA 문법

A. 목적격대명사

직접목적격대명사는 '...을, 를'의 의미로 쓰이며, 간접목적격대명사는 '...에게'의 의미로 사용된다. 간접목적격대명사는 전치사목적격대명사을 활용하여 바꾸어 쓸 수 있다.

		직접목적격	간접목적격	전치사목적격대명사
단수	1인칭	me	me	mim
	2인칭	te	te	ti
	3인칭	o, a	lhe	ele / ela / você
복수	1인칭	nos	nos	nós
	2인칭	vos	vos	vós
	3인칭	os, as	lhes	eles / elas / vocês

- Você pode **nos** ajudar?
  너 우리를 도와줄 수 있니?
- Paulo **me** telefona hoje à tarde.
  파울루는 오늘 오후에 나에게 전화한다.
- Eu mesma quero **lhe** perguntar.
  내가 직접 그에게 묻고 싶다.

※ 3인칭의 직접목적격 o, a, os, as는 그 대상을 명확히 표현하기 위해 구어체에서는 주격 대명사를 그대로 사용하며, 간접목적격 lhe, lhes 역시 명확히 표현하기 위해 구어체에서는 전치사 a 혹은 para와 함께 주격 대명사가 쓰인다.

- Não compreendo **o senhor**. (= Não **o** compreendo.)
  전 당신의 말을 알아듣지 못하겠습니다.
- Eu pergunto muitas coisas **a ele**. (= Eu **lhe** pergunto muitas coisas.)
  난 그에게 많은 것을 묻는다.

B. VERSTIR-SE 동사의 직설법 현재

'...을 입다', '...을 착용하다'의 의미의 준규칙 동사로 다음과 같이 활용된다.

VESTIR-SE			
Eu	me visto	Nós	nos vestimos
Tu	te vestes	Vós	vos vestis
Ele / Ela / Você	se veste	Eles / Elas / Vocês	se vestem

- (Eu) **Me visto** em menos de três minutos.
  난 3분 안에 옷을 입는다.
- Como você **se veste** no dia a dia?
  넌 평소 어떤 옷을 입니?
- Eles sempre **se vestem** a mesma roupa.
  그들은 항상 같은 옷을 입는다.

C. -IR 동사의 직설법 완전과거: 제3변화 동사

-ir 동사의 직설법 완전과거는 과거에 완료된 동작, 상태를 표현하기 위해 사용하며 다음과 같이 활용된다.

-IR			
Eu	-i	Nós	-imos
Tu	-iste	Vós	-istes
Ele / Ela / Você	-iu	Eles / Elas / Vocês	-iram

D. PARTIR 동사의 직설법 완전과거: 제3변화 동사

'떠나다', '출발하다'의 의미의 규칙 동사로 다음과 같이 활용된다.

PARTIR			
Eu	parti	Nós	partimos
Tu	partiste	Vós	partistes
Ele / Ela / Você	partiu	Eles / Elas / Vocês	partiram

- No dia em que **parti**, você chorou.
  내가 떠난 날 넌 울었다.
- Ele **partiu** para a Europa.
  그는 유럽으로 떠났다.
- Nós **partimos** às sete horas da manhã.
  우리는 오전 7시에 출발했다.

E. ESTAR 동사의 직설법 완전과거

estar 동사의 직설법 완전과거는 불규칙적으로 변화하며, 뒤에 전치사 em과 함께 장소 명사가 오거나 장소 부사와 쓰여 '...에 갔다 왔다', '...에 가본 적이 있다'의 의미로 사용된다.

ESTAR			
Eu	estive	Nós	estivemos
Tu	estiveste	Vós	estivestes
Ele / Ela / Você	esteve	Eles / Elas / Vocês	estiveram

- (Eu) Não **estive** lá.
  난 거기 가본 적이 없다.
- Ontem você **esteve** com ele?
  어제 너 걔랑 있었니?
- (Nós) **Estivemos** juntos em casa no fim de semana passado.
  우리는 지난 주말에 집에 함께 있었다.

F. IR 동사의 직설법 완전과거

ir 동사의 직설법 완전과거는 불규칙적으로 변화하며, ser 동사와 동일하게 변화한다. 변화형은 다음과 같다.

IR			
Eu	fui	Nós	fomos
Tu	foste	Vós	fostes
Ele / Ela / Você	foi	Eles / Elas / Vocês	foram

- (Eu) **Fui** pegar o metrô.
  난 지하철을 타러 갔다.
- Você **foi** embora sem dizer adeus.
  넌 작별 인사도 없이 떠났다.
- Eles **foram** ao cinema no sábado à noite.
  그들은 토요일 밤에 영화관에 갔다.

ATIVIDADES DE GRAMÁTICA 연습문제 

A. Substitua as palavras sublinhadas pelos pronomes objetos diretos ou indiretos.

밑줄 친 부분을 직접목적격대명사 혹은 간접목적격대명사로 바꿔보세요.

1. Eu não compreendo aquelas meninas.

2. Ela telefona para nós todos os dias.

3. Paula sempre escreve para mim.

4. Não posso abrir a porta.

5. Vou oferecer um jantar para eles.

B. Preenche os espaços com o pretérito perfeito do indicativo dos verbos dados.

주어진 동사를 직설법 완전과거로 활용하여 빈칸을 채워 넣어보세요.

1. Anteontem nós ________________ (escrever) uma carta.
2. O José ________________ (entender) todas as perguntas.
3. No domingo, a Joana e o Rui ________________ (partir) para o Brasil.
4. Vocês ________________ (abrir) a porta a eles?
5. Ontem eu não ________________ (dormir) bem.
6. Elas ________________ (comer) um bolo antes da aula.
7. Ele ________________ (ler) o jornal e algumas revistas.
8. Eles ________________ (decidir) visitar alguns lugares importantes.
9. Nós ________________ (beber) um ótimo vinho tinto português.
10. Ontem ________________ (chover) muito.

COMPREENSÃO ESCRITA 읽기 

A. Leia e responda.

다음의 글을 읽고 대답해보세요.

Normalmente, a Sandra sai do trabalho às seis da tarde e chega em casa por volta das sete horas, mas ontem ela saiu um pouco mais cedo porque foi fazer compras no shopping. A Sandra comprou duas camisetas para os filhos e um tênis para ela. Quando acabou as compras, a Sandra voltou para casa e preparou o jantar para o marido e para os filhos. Ela cozinhou frango com arroz. Anteontem os filhos estiveram na casa da avó e a Sandra e o marido já comeram este prato. Mas ela repetiu o cardápio porque os filhos adoram. No jantar, a Sandra conversou com a família. Depois do jantar, os filhos tomaram banho e foram para a cama. A Sandra e o marido arrumaram a cozinha e ficaram assistindo televisão na sala. Eles dormiram às onze e meia da noite.

1. Por que é que ontem ela saiu mais cedo do trabalho?

2. O que é que a Sandra comprou no shopping?

3. Por que é que ela repetiu o cardápio?

4. O que é que ela fez depois do jantar?

5. A que horas o casal foi dormir?

PRODUÇÃO ESCRITA 쓰기

Etapa 1. 자신이 현재 입고 있는 옷에 대해 써보세요.

Etapa 2. Etapa 1을 참고하여 자신이 좋아하는 옷 스타일을 소개하는 글을 써보세요.

CULTURA 문화

- 브라질의 전통 복장 Baiana는 아프리카 기원의 토속종교 Candomblé의 제례용 의복에서 생겨났습니다. 흰색은 Candomblé에서 성스러운 색으로 간주됩니다. 이러한 연유로 브라질 사람들은 액운을 쫓는 의미의 흰색 옷을 입고 새해를 맞이합니다.
- 우리의 한복과 비교할 때 어떠한 유사점과 차이점이 있나요?

MEMO

UNIDADE XI

O que você faz no tempo livre?
넌 한가할 때 뭐 해?

Metas de aprendizagem 학습목표

- 취미, 스포츠 관련 명칭 및 표현 익히기
- 여가 관련 정보 묻고 답하기

ENTRANDO NO ASSUNTO ...

1. 여러분은 여가 시간을 무엇을 하며 보내나요?
2. 특별한 취미가 있다면 소개해보세요.

ORALIDADE 듣기 

A. Ouça e repita.

대화를 듣고 따라 읽어보세요.

B. Ouça e assinale.

대화를 듣고 맞는 내용(V)과 틀린 내용(F)을 찾아보세요.

Letícia	O que você costuma fazer no tempo livre?
Juliano	Fico em casa assistindo TV.
Letícia	Ah, é? Que tal mudar um pouco a rotina neste domingo?
Juliano	Como assim?
Letícia	Vamos passear pelo parque tomando um sol. O que você acha?
Juliano	Acho uma boa ideia. A que horas a gente se encontra?
Letícia	Às dez e meia. Eu busco você na sua casa.
Juliano	Tá bom. Então, espero você na frente da casa.

1. O Juliano gosta de ficar em casa no seu tempo livre. V ☐ F ☐
2. A Letícia quer mudar a sua rotina. V ☐ F ☐
3. O Juliano vai passear pelo parque neste domingo. V ☐ F ☐
4. Eles vão se encontrar no domingo às 10h30. V ☐ F ☐
5. O Juliano vai buscar a Letícia. V ☐ F ☐
6. Eles vão se encontrar na casa da Letícia. V ☐ F ☐

C. Ouça e identifique.

음성을 듣고 해당하는 낱말을 써보세요.

1. ______________________ 2. ______________________ 3. ______________________

4. ______________________ 5. ______________________ 6. ______________________

7. ______________________ 8. ______________________ 9. ______________________

10. ______________ 11. ______________ 12. ______________

13. ______________ 14. ______________ 15. ______________

D. Trabalho em par

여러분의 동기에게 다음의 예시와 같이 여가 시간을 어떻게 보내는지 질문해보세요.

Ex O que você gosta de fazer no seu tempo livre?

GRAMÁTICA 문법

A. LER 동사의 직설법 현재

'...을 읽다'라는 의미의 불규칙 동사로, 목적어 없이 단독으로 쓰일 때는 '독서하다'의 의미로 사용한다.

LER			
Eu	leio	Nós	lemos
Tu	lês	Vós	ledes
Ele / Ela / Você	lê	Eles / Elas / Vocês	leem

- Ela **lê** o jornal todos os dias.
  그녀는 매일 신문을 읽는다.
- Eles **leem** um romance por mês.
  그들은 한 달에 한 권의 소설을 읽는다.
- Nós **lemos** um livro.
  우리는 책을 한 권 읽는다.

B. OUVIR 동사의 직설법 현재

'...을 듣다'라는 의미의 준규칙 동사로 다음과 같이 활용한다.

OUVIR			
Eu	ouço	Nós	ouvimos
Tu	ouves	Vós	ouvis
Ele / Ela / Você	ouve	Eles / Elas / Vocês	ouvem

- Eu **ouço** música todos os dias.
  난 매일 음악을 듣는다.
- Eles **ouvem** o rádio.
  그들은 라디오를 듣는다.

• Não acredite em tudo que você **ouve**.
네가 듣는 모든 것을 믿진 마라.

C. VER 동사의 직설법 현재

'...을 보다'라는 의미의 불규칙 동사로 다음과 같이 활용한다.

VER			
Eu	vejo	Nós	vemos
Tu	vês	Vós	vedes
Ele / Ela / Você	vê	Eles / Elas / Vocês	veem

• Então, a gente se **vê** lá.
그럼 우리 거기서 봐.

• Te **vejo** amanhã.
내일 봐.

• Eles **veem** filmes todos os fins de semana.
그들은 매주 주말마다 영화를 본다.

D. 비교급

포르투갈어 비교급에는 'A는 B보다 더 ...이다'라는 의미의 우등비교와 'A는 B보다 덜 ...이다'의 의미의 열등비교, 'A는 B와 같은 정도로 많이 ...하다' 혹은 'A는 B와 같은 정도로 ...이다'의 의미로 사용되는 동등비교가 있으며 다음과 같이 표현한다.

<우등비교> GRAU COMPARATIVO DE SUPERIORIDADE
<A + 동사 + mais + 형용사·부사·명사 + (do) que B>: 'A는 B보다 더 ...이다'

• Ela mora **mais** longe **(do) que** eu.
그녀는 나보다 더 멀리 산다.

- O Paulo é **mais** inteligente **(do) que** a Maria.
  파울루는 마리아보다 더 똑똑하다.

- Ele sempre fazem **mais** perguntas **(do) que** outros.
  그는 항상 다른 사람들보다 질문을 많이 한다.

<열등비교> GRAU COMPARATIVO DE INFERIORIDADE
<A + 동사 + menos + 형용사·부사·명사 + (do) que B>: 'A는 B보다 덜 ...이다'

- Ele trabalha **menos (do) que** eu.
  그는 나보다 일을 적게 한다.

- Esse livro é **menos** interessante **(do) que** aquele.
  그 책은 저 책보다 흥미롭지 않다.

- Ele tomou **menos** cerveja **(do) que** a Maria.
  그는 마리아보다 맥주를 조금 마셨다.

단, 다음의 형용사와 부사의 경우에는 불규칙 비교급 형을 지닌다.

<불규칙 비교급 형> GRAU COMPARATIVO DOS ADJETIVOS IRREGUALRES		
(형용사)	(부사)	(비교급)
bom/boa	bem	→ melhor
mau/má	mal	→ pior
grande		→ maior
pequeno/pequena		→ menor
muito/muita	muito	→ mais
pouco/pouca	pouco	→ menos

<동등비교>
GRAU COMPARATIVO DE IGUALDADE

<A + 동사 + tanto/a + (명사) + quanto/como B>:
'A는 B와 같을 정도로 많이 ...하다'

<A + 동사 + tão + 형용사·부사 + quanto/como B>:
'A는 B와 같을 정도로 ...이다'

- Eu senti **tanto** medo **quanto** você.
  난 너만큼 많이 두려웠다.
- José trabalha **tanto quanto** os colegas dele.
  주제는 그의 동료만큼 일한다.
- Fevereiro é **tão** frio **quanto** janeiro.
  2월은 1월만큼 춥다.
- Ela corre **tão** bem **quanto** ele.
  그녀는 그만큼 잘 달린다.

ATIVIDADES DE GRAMÁTICA 연습문제 

A. Complete as frases com os verbos LER, OUVIR e VER no presente do indicativo.

LER, OUVIR 혹은 VER 동사의 직설법 현재로 활용하여 문장을 완성해보세요.

1. As minhas colegas não __________ livros.
2. Eu e minha família __________ televisão depois do jantar.
3. Vocês __________ filmes e eu __________ um romance na cafeteria.
4. Você __________ muito?
5. A gente sempre __________ o carro dele na rua.
6. Ela sempre __________ música.
7. Eu __________ rádio todas as manhãs.
8. Nós __________ jornal e __________ as últimas notícias.
9. Ele __________ a minha voz.
10. Nós não nos __________ com muita frequência.

B. Complete as frases com os graus comparativos.

비교급을 활용하여 문장을 완성해보세요.

1. A revista é ____________________ (caro) que o livro.
2. Esta sala é ____________________ (grande) que aquela.
3. O chá é ____________________ (bom) quanto o café.
4. Os meus avós são ____________________ (velho) quanto os seus.
5. A Ana e a Sara são ____________________ (alto) que o José.
6. Este filme é ____________________ (interessante) que o da semana passada.
7. Os bolos da mãe são ____________________ (bom) quanto os bolos da avó.
8. O Carlos e o Henrique são ____________________ (jovem) que o Daniel.
9. Minha casa é ____________________ (bonito) quanto a sua.
10. Meus primos são ____________________ (simpático) quanto os seus.

COMPREENSÃO ESCRITA 읽기 

A. Leia e assinale.

다음의 글을 읽고 맞는 내용(V)과 틀린 내용(F)을 찾아보세요.

Me chamo Leo. Nos meus tempos livres, assisto muito a televisão, jogo games com meus amigos e vou passear pelo parque com o meu cachorro. Gosto também de ir ao cinema e jogar futebol. Durante as férias, costumo ir à praia ou a festas para curtir e dançar.

Meu nome é Clara. Eu não sou uma pessoa muito ativa. Normalmente, prefiro ficar em casa lendo a sair com os amigos. Também gosto mais de ver esporte pela TV do que de praticar ou de ir a um estádio assistir jogo. Mas, nas férias, gosto de viajar para conhecer novos lugares e de fazer coisas novas.

1. O Leo gosta de assistir jogo na TV. V ☐ F ☐
2. O Leo costuma ir a festas nos fins de semana. V ☐ F ☐
3. O Leo costuma passear com o seu cachorro nos tempos livres. V ☐ F ☐
4. A Clara é uma pessoa muito ativa. V ☐ F ☐
5. A Clara gosta de ler em casa. V ☐ F ☐
6. A Clara costuma viajar durante as férias. V ☐ F ☐

PRODUÇÃO ESCRITA 쓰기

Etapa 1. 여가 시간에 자신이 즐겨하는 일들을 써보세요.

Etapa 2. Etapa 1을 참고하여 자신의 취미를 소개하는 글을 써보세요.

CULTURA 문화

- 축구만큼 세계인을 열광하게 하는 스포츠가 있을까요? 브라질 남자치고 축구 싫어하는 사람이 없다는 말이 있을 정도로, 브라질 사람들 개개인은 모두 축구전문가를 자처합니다. 이들에게 축구장은 인종차별이 없는 곳으로 가난을 탈피할 수 있는 수단인 동시에 희망의 공간이기 때문입니다. 이처럼 브라질에서 축구는 일반인의 삶과 가장 밀접한 연관성을 지닌 스포츠이자 특기이며 취미입니다.

- 한국인들이 가장 좋아하는 스포츠는 무엇인가요?

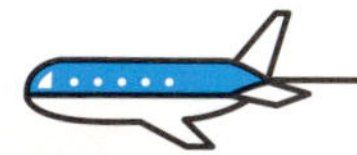

UNIDADE XII

Quer ir ao cinema comigo?
나랑 영화 보러 갈래?

Metas de aprendizagem 학습목표

- 영화, 공연, 전시, 스포츠 관람 관련 표현 익히기
- 주말 계획 묻고 답하기
- 초대(제안)하기와 응대하기

ENTRANDO NO ASSUNTO ...

1. 여러분은 주말에 특별한 계획이 있나요?
2. 친구들과 주말 계획을 세워보세요.

ORALIDADE 1 듣기 1

A. Ouça e repita.

대화를 듣고 따라 읽어보세요.

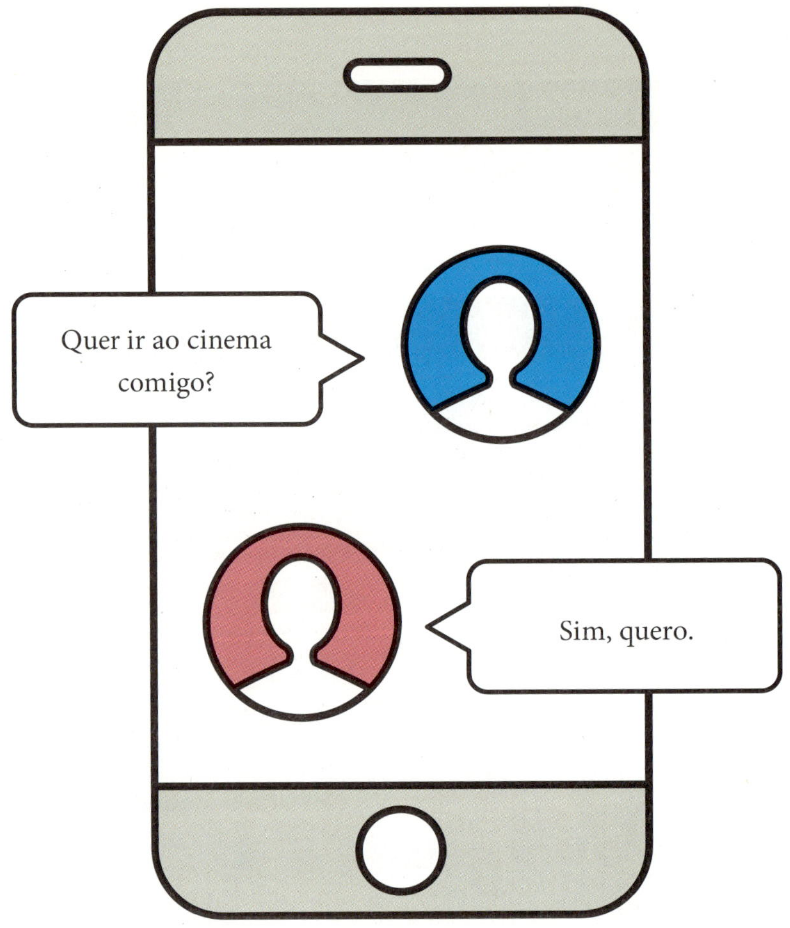

B. Ouça e assinale.

대화를 듣고 해당하는 그림을 찾아 알맞은 번호를 쓰세요.

1. H: Quer ir ao cinema hoje à noite?
   M: Ao cinema? Prefiro jantar num bom restaurante. Depois podemos ir para o bar para conversar. Que tal?
   H: Está bem.

2. H: Quer ir ao cinema comigo no sábado?
   M: Quero, mas podemos ir na outra semana? Prefiro ir ao show nesse sábado. Desculpe.
   H: Tudo bem. Fica para a próxima então.

3. M: O que você vai fazer nesse sábado?
   H: Não tenho nada de especial.
   M: Que tal um cinema?
   H: Acho ótimo! Que filme está passando?
   M: Vamos ver aquele filme novo.

ORALIDADE 2 듣기 2 

A. Ouça e complete.

대화를 듣고 빈칸에 알맞은 표현을 넣어 문장을 완성해보세요.

H: Estou pensando em ir ao cinema amanhã à tarde. ______________________________?

M: ______________________________. Mas tenho uma aula amanhã à tarde.

H: Podemos ir à noite. ______________________________?

M: Então, está bem.

H: ______________________________?

M: Vamos à sessão das nove da noite.

H: ______________________________?

M: A gente se vê perto da bilheteria do cinema, meia hora antes do filme.

H: Certo. Então, está combinado. ______________________________.

M: Até amanhã.

B. Coloque o diálogo na ordem correta.

다음의 문장을 대화의 진행 순서에 따라 써보세요.

a) Está combinado.

b) Olá, Sofia. Tudo bem?

c) Que pena. Infelizmente, hoje não posso mas posso ir amanhã.

d) Ah, é? Então, vamos amanhã e convido a Cláudia e o João para ir juntos.

e) Sofia, estou pensando em ir jogar tênis. Quer ir comigo?

f) Tudo ótimo.

1. ______________________________

2. ______________________________

3. ______________________________

4. ______________________________

5. ______________________________

6. ______________________________

C. Trabalho em par

여러분의 동기에게 다음의 예시와 같이 주말 계획을 묻고 제안을 해보세요.

Ex O que você vai fazer no fim de semana? Quer ir a ... comigo?

GRAMÁTICA 문법 

A. 부정형용사와 부정대명사

정해지지 않은 것을 나타내는 형용사와 대명사를 지칭하며, 다음과 같이 크게 가변성과 불변성을 지닌 형태로 분류된다.

가변성				불변성
단수		복수		
남성	여성	남성	여성	
algum	alguma	alguns	algumas	alguém/algo
nenhum	nenhuma	nenhuns	nenhumas	ninguém/nada
todo	toda	todos	todas	tudo
outro	outra	outros	outras	outrem
muito	muita	muitos	muitas	cada
pouco	pouca	poucos	poucas	
certo	certa	certos	certas	
-		ambos	ambas	
vário	vária	vários	várias	
tanto	tanta	tantos	tantas	
tal		tais		
qualquer		quaisquer		

※ 부정형용사 cada, certo, qualquer의 경우에는 반드시 명사나 대명사 또는 기수를 동반하여야 하며, 나머지 부정형용사는 경우에 따라 명사적으로 쓰이기도 한다.

- Você tem **alguma** ideia? 넌 어떤 생각을 갖고 있니?
- Não tem problema **nenhum**. 아무런 문제가 없다.
- **Todo** homem tem direito de decidir sua vida. 모든 인간은 자신의 삶을 결정할 권리가 있다.
- A gente se vê **outro** dia. 우리 다른 날 보자.
- Hoje de manhã teve **muita** gente na rua. 오늘 아침엔 거리에 사람이 많았다.
- **Poucas** pessoas realizam seus sonhos. 몇 안 되는 사람들만이 그들의 꿈을 이룬다.
- **Certas** pessoas não merecem o seu amor. 어떤 사람들은 당신의 사랑을 받을 자격이 없다.

- **Ambos** os lados estão satisfeitos com o resultado. 양측 모두 결과에 만족하고 있다.
- Eu lhe falei **várias** vezes no assunto. 난 그 주제에 대해 여러 차례 당신에게 이야기했습니다.
- Ela e eu passamos **tantos** momentos juntos. 그녀와 나는 많은 순간을 함께 했다.
- **Qualquer** coisa eu te aviso. 무슨 소식 듣는 대로 너에게 알려줄게.
- **Tal** pai, **tal** filho. 그 아버지에 그 아들.
- **Alguém** está aí? 거기 누구 있어요?
- Tem **algo** a declarar? 신고하실 물건 있으십니까?
- Não conheço **ninguém**. 난 아는 사람이 없다.
- Ele não sabe de **nada**. 그는 전혀 아는 것이 없다.
- **Tudo** está em ordem. 모든 것이 계획대로 진행되고 있다.
- Ler é sonhar pela mão de **outrem**. 독서는 다른 이의 손을 빌려 꿈을 꾸는 것이다.
- **Cada** um tem seu jeito de ser. 각자 자신만의 방식이 있다.

B. 전치사목적격대명사의 결합형

전치사 com과 전치사목적격대명사는 분리하여 사용되지 않으며, 결합형은 다음과 같다.

		전치사 COM과 전치사목적격대명사의 결합형		
단수	1인칭	com +	mim	comigo
	2인칭		ti	contigo
	3인칭		ele / ela / você	consigo
복수	1인칭		nós	conosco
	2인칭		vós	convosco
	3인칭		eles / elas / vocês	consigo

※ 브라질식 포르투갈어의 경우 3인칭 결합형 consigo는 재귀용법에 한정하여 사용한다.

- O Rui gosta de ir ao cinema **comigo**. 후이는 나와 함께 영화관에 가는 것을 좋아한다.
- A gente quer ir ao teatro **contigo**. 우리는 너와 함께 극장에 가길 원한다.
- O Paulo está estudando **conosco**. 파울루는 우리와 함께 공부하고 있다.

C. SER 동사의 직설법 완전과거

ser 동사의 직설법 완전과거는 불규칙적으로 변화하며, ir 동사와 동일하게 변화한다. 변화형은 다음과 같다.

SER			
Eu	fui	Nós	fomos
Tu	foste	Vós	fostes
Ele / Ela / Você	foi	Eles / Elas / Vocês	foram

- Ela sempre **foi** uma pessoa romântica. 그녀는 항상 낭만적인 사람이었다.
- **Fomos** muito bem recebidos. 우리는 환대를 받았다.
- Eles **foram** muito gentis. 그들은 무척 친절했다.

ATIVIDADES DE GRAMÁTICA 연습문제 

A. Complete as frases com os pronomes indefinidos substantivos ou adjetivos.

부정대명사 혹은 부정형용사를 활용하여 문장을 완성해보세요.

1. ___________ entrou no jardim e pisou na grama.
2. Quero comer ___________.
3. ___________ pessoas têm várias profissões.
4. ___________ povo tem suas culturas.
5. ___________ alunos vieram para o passeio.
6. ___________ está batendo à porta.
7. ___________ receberam boa nota na prova.
8. Não se pode vestir ___________ roupa para ir a um casamento.
9. Nós entendemos ___________.
10. ___________ estão contentes.

B. Complete as frases com o verbo SER no pretérito perfeito do indicativo.

SER 동사의 직설법 완전과거형을 활용하여 문장을 완성해보세요.

1. Eu sempre ___________ feliz.
2. Não ___________ eu que fiz, ___________ nós que fizemos.
3. Não ___________ possível levar esta caixa.
4. Isso ___________ muito emocionante.
5. O que ___________ que aconteceu?

COMPREENSÃO ESCRITA 읽기 

A. Leia e responda.

다음의 글을 읽고 대답해보세요.

Neste domingo, a Fabiana e eu vamos ao museu de arte moderna que fica no centro da cidade. O museu fecha normalmente no domingo mas vai abrir neste fim de semana por causa da programação especial. Depois de ver a exposição, vamos almoçar num restaurante italiano que fica perto do museu. É um restaurante muito famoso e fizemos uma reserva há dois meses. Estamos muito ansiosas para experimentar os pratos desse restaurante. E também queremos aproveitar para conhecer algumas feiras de artesanato.

1. O que é que elas vão fazer no domingo de manhã?

2. Por que é que elas visitam o museu no domingo?

3. O que é que elas vão almoçar no domingo?

4. O que é que elas vão fazer depois do almoço?

PRODUÇÃO ESCRITA 쓰기

Etapa 1. 친구들과 함께 주말에 즐길 만한 영화·공연·전시·스포츠 관람 등 문화 활동에 대해 조사해보세요.

	LOCAL	HORÁRIO	PREÇO

Etapa 2. Etapa 1을 참고하여 SNS에 친구들을 초대하는 글을 써보세요.

Oi, gente! Tudo bem?

O fim de semana chegou! Vamos aproveitar!

Que tal ______________________________

____

____

____

____

____

____

____

____

____

____

____

CULTURA 문화

• 브라질 영화와 음악은 우리와 비교할 때 어떤 특징이 있을까요?

브라질은 대다수의 다른 국가들과 마찬가지로 주로 미국계 대형엔터테인먼트사가 영화시장을 독점하고 있습니다. 이들은 대규모 쇼핑센터와 결합한 멀티플렉스 형태의 Cinemark, UCI, Hoyts와 같은 대형 영화체인을 운영하고 있습니다. 그러나 사실 브라질은 전통적인 영화 강국으로, 1960년대 제3세계의 전위적 미학을 카메라에 담은 Cinema Novo 운동을 통해 미국·유럽 중심의 세계 영화계에 신선한 충격을 던져줬고, 1970년대 중반-1980년대 중반 브라질 영화는 정부의 지원을 바탕으로 30% 안팎의 안정적인 국내시장 점유율을 보이며 미국과 유럽에 상당수의 영화를 수출하기도 했습니다. Cinema Novo의 미학을 바탕으로 영화산업의 전성기를 맞이했던 브라질 영화는 주로 농촌 문제와 농민, 빈곤 등 사회 문제에 더욱 큰 관심을 기울여 왔습니다.

영화와 더불어 브라질의 대표적인 문화산업으로 손꼽히는 장르는 음악입니다. 그 중 Bossa Nova는 Samba에 모던재즈의 감각이 가미되어 1950년대 후반부터 보급된 브라질의 대표적인 음악 장르입니다. Bossa Nova 음악가 가운데 세계적으로 가장 많이 알려진 음악인으로는 Antônio Carlos Jobim(일명 'Tom Jobim')을 들 수 있습니다. 그가 작곡한 노래들 가운데 7곡이 100만 장 이상의 판매를 기록했고, 그 가운데 Jobim이 작곡하고 Vinícius de Moraes가 작사한 <이빠네마의 소녀>('The girl from Ipanema' — 원제: 'A Garota de Ipanema')라는 곡은 지금까지 전 세계에서 400만 장이 팔렸습니다. 흔히들 얘기하기로, Bossa Nova 음악은 상당히 단순한 듯 보이지만 그 사이사이 살아있는 듯한 멜로디를 품고 있다고 합니다. 말하자면, 그 단순함 뒤에는 상당히 복잡하고 정교한 그 무언가가 존재한다는 것입니다. 실제로, Bossa Nova는 단순한 대화체의 가사로 일상생활과 연관된 주제를 잔잔하게 그려내면서도 그 깊고 풍부한 선율을 통해 내면적인 감성을 담아냅니다. Samba, Bossa Nova와 같이 풍부한 음악적 전통을 바탕으로 브라질 현대 음악은 옛것과 현대적인 것, 이국적인 요소와 전통적인 요소의 끊임없는 융합을 통해 새로운 형식의 음악을 탄생시키며 발전하고 있습니다.

부록
ANEXO

- 연습문제 정답
- 명사와 형용사의 규칙·불규칙 복수형
- 주요 직설법 불규칙 동사변화표
- A1 어휘 목록

Até

Bom dia.

amanhã!

Gabarito dos Exercícios de Revisão

연습문제 정답

UNIDADE III

A. 1. sou
2. estamos
3. vão
4. é
5. estão
6. é
7. são
8. está
9. estou
10. estamos

B. 1. os, uns
2. a, uma
3. o, um
4. as, umas
5. o, um

C. 1. Seus
2. dele
3. Meus
4. Nossa
5. a minha, a sua

UNIDADE IV

A. 1. tenho
2. fazem
3. tem
4. temos
5. falam
6. Há, Tem
7. Há, Tem
8. Faz
9. faço
10. fazemos

B. 1. isto
2. Este, aquela
3. Aquela
4. Isso
5. Esses
6. aqui na
7. aí na
8. na
9. aqui nesta
10. lá na

UNIDADE V

A. 1. mora
2. fica
3. moram
4. fica
5. fica
6. mora
7. ficam
8. fica
9. ficamos
10. moro
11. fica
12. mora
13. viver
14. fica
15. vivem

UNIDADE VI

A. 1. abro
2. assiste
3. partimos
4. discutem
5. confundem

B. 1. costumo comer
2. costumam se deitar
3. costuma praticar
4. costumamos pegar
5. costumam jogar

C. 1. às
2. à
3. à
4. à
5. às

UNIDADE VII

A. 1. gostamos
2. prefiro
3. prefere
4. prefere
5. prefere
6. gostam
7. prefiro
8. preferem
9. prefere
10. gosta

B. 1. vai
2. vão
3. vai
4. vou
5. vai

C. 1. estou procurando
2. estão vendo
3. estamos fazendo
4. está ligando
5. está chovendo

UNIDADE VIII

A. 1. sei
2. precisa
3. sabe
4. preciso
5. sabem
6. precisa
7. podem
8. precisa
9. posso
10. precisamos

B. 1. pela
2. de
3. de, de
4. pela
5. de

UNIDADE IX

A. 1. conhece
2. quero
3. conhecem
4. quer
5. quer

B. 1. comeu
2. comprei
3. custou
4. fiquei
5. convidei
6. procuramos
7. perguntou
8. mudou
9. pegaram
10. conhecemos

C. 1. queria
2. poderia
3. poderia

UNIDADE X

A. 1. Eu não o compreendo.
2. Ela nos telefona todos os dias.
3. Paula sempre me escreve.
4. Não posso a abrir.
5. Vou lhes oferecer um jantar.

B. 1. escrevemos
2. entendeu
3. partiram
4. abriram
5. dormi
6. comeram
7. leu
8. decidiram
9. bebemos
10. choveu

UNIDADE XI

A. 1. leem
2. vemos
3. veem, leio
4. lê
5. vê
6. ouve
7. ouço
8. lemos, vemos
9. ouve
10. vemos

B. 1. mais cara
2. maior
3. tão bom
4. tão velhos
5. mais altas
6. mais interessante
7. tão bons
8. mais jovens
9. tão bonita
10. tão simpáticos

UNIDADE XII

A. 1. Alguém
2. algo
3. Algumas
4. Cada
5. Poucos
6. Alguém
7. Ninguém
8. qualquer
9. nada
10. Todos

B. 1. fui
2. fui, fomos
3. foi
4. foi
5. foi

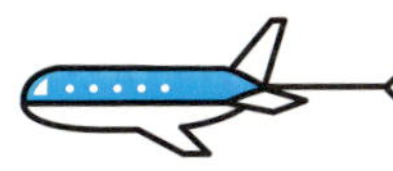

Plural dos Adjetivos e Substantivos

명사와 형용사의 규칙·불규칙 복수형

1. 모음으로 끝나는 명사 및 형용사의 복수형

casa → casas　　　　　　　livro → livros

2. 자음으로 끝나는 명사 및 형용사의 복수형

① -al → -ais: animal → animais *예외: cal → cales, cais / mal → males

② -el(규칙강세) → -éis: papel → papéis *예외: mel → meles, méis

-el(불규칙강세) → -eis: móvel → móveis

③ -il(규칙강세) → -is: barril → barris

-il(불규칙강세) → -eis: fácil → fáceis / difícil → difíceis

④ -ol(규칙강세) → -óis: lençol → lençóis

-ol(불규칙강세) → -ois: álcool → álcoois

⑤ -ul(규칙강세) → -uis: azul → azuis

-ul(불규칙강세) → -ules: cônsul → cônsules

⑥ -m → -ns: viagem → viagens / fim → fins

⑦ -n; -r; -z → -nes; -res; -zes: abdómen → abdómenes; mulher → mulheres *예외: júnior → juniores / sênior → seniores; voz → vozes

⑧ -ês → -eses: mês → meses

⑨ -s(마지막 음절에 강세가 올 경우) → -ses: país → países

-s(마지막 음절에 강세가 오지 않을 경우) → 단복수 동형: pais → pais / lápis → lápis / ônibus → ônibus / simples → simples

⑩ -x → -x: fênix → fênix / tórax → tórax

3. 어미가 -ão으로 끝나는 명사 및 형용사의 복수형

① -ão → -ões: balão → balões / botão →botões / canção → canções / casarão → casarões / coração → corações / eleição → eleições / estação → estações / leão →leões / nação → nações / opinião → opiniões / questão → questões

② -ão → -ães: alemão → alemães / cão → cães / capitão → capitães / pão →pães

③ -ão → -ãos: cidadão → cidadãos / cristão → cristãos / irmão → irmãos / órfão → órfãos / orgão → orgãos / mão → mãos

4. 복합어의 복수형

① 동사 + 명사 혹은 형용사:
bate-papo → bate-papos / guarda-chuva → guarda-chuvas

② 명사 + 전치사 + 명사: pão-de-ló → pães-de-ló

③ 명사 + 명사 혹은 형용사:
água-marinha → águas-marinhas / vitória-régia → vitórias-régias

5. 복수로만 사용되는 단어들

anais m.pl. 연대기
arredores m.pl. 주위, 주변
férias f.pl. 방학, 휴가
fezes f.pl. 배설물
óculos m.pl. 안경
parabéns m.pl. 축하
pêsames m.pl. 조의

6. 단수로만 사용되는 단어들(추상명사 및 금속)

caridade f. 자비, 사랑
esperança f. 희망
fé f. 믿음
cobre m. 동
ferro m. 철
ouro m. 금

* 예외: água / águas, dinheiro / dinheiros

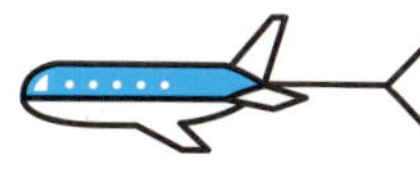

Conjugação dos Principais Verbos do Indicativo

주요 직설법 불규칙 동사변화표

1.SER

Presente		Pretérito Perfeito		Pretérito Imperfeito	
Eu	sou	Eu	fui	Eu	era
Tu	és	Tu	foste	Tu	eras
Ele	é	Ele	foi	Ele	era
Nós	somos	Nós	fomos	Nós	éramos
Vós	sois	Vós	fostes	Vós	éreis
Eles	são	Eles	foram	Eles	eram

2. IR

Presente		Pretérito Perfeito		Pretérito Imperfeito	
Eu	vou	Eu	fui	Eu	ia
Tu	vais	Tu	foste	Tu	ias
Ele	vai	Ele	foi	Ele	ia
Nós	vamos	Nós	fomos	Nós	íamos
Vós	ides	Vós	fostes	Vós	íeis
Eles	vão	Eles	foram	Eles	iam

3. ESTAR

Presente		Pretérito Perfeito		Pretérito Imperfeito	
Eu	estou	Eu	estive	Eu	estava
Tu	estás	Tu	estiveste	Tu	estavas
Ele	está	Ele	esteve	Ele	estava
Nós	estamos	Nós	estivemos	Nós	estávamos
Vós	estais	Vós	estivestes	Vós	estáveis
Eles	estão	Eles	estiveram	Eles	estavam

4. DAR

Presente		Pretérito Perfeito		Pretérito Imperfeito	
Eu	dou	Eu	dei	eu	dava
Tu	dás	Tu	deste	tu	davas
Ele	dá	Ele	deu	ele	dava
Nós	damos	Nós	demos	nós	dávamos
Vós	dais	Vós	destes	vós	dáveis
Eles	dão	Eles	deram	eles	davam

5. TER

Presente		Pretérito Perfeito		Pretérito Imperfeito	
Eu	tenho	Eu	tive	Eu	tinha
Tu	tens	Tu	tiveste	Tu	tinhas
Ele	tem	Ele	teve	Ele	tinha
Nós	temos	Nós	tivemos	Nós	tínhamos
Vós	tendes	Vós	tivestes	Vós	tínheis
Eles	têm	Eles	tiveram	Eles	tinham

6. HAVER

Presente		Pretérito Perfeito		Pretérito Imperfeito	
Eu	hei	Eu	houve	Eu	havia
Tu	hás	Tu	houveste	Tu	havias
Ele	há	Ele	houve	Ele	havia
Nós	havemos	Nós	houvemos	Nós	havíamos
Vós	haveis	Vós	houvestes	Vós	havíeis
Eles	hão	Eles	houveram	Eles	haviam

7. SABER

Presente		Pretérito Perfeito		Pretérito Imperfeito	
Eu	sei	Eu	soube	Eu	sabia
Tu	sabes	Tu	soubeste	Tu	sabias
Ele	sabe	Ele	soube	Ele	sabia
Nós	sabemos	Nós	soubemos	Nós	sabíamos
Vós	sabeis	Vós	soubestes	Vós	sabíeis
Eles	sabem	Eles	souberam	Eles	sabiam

8. PODER

Presente		Pretérito Perfeito		Pretérito Imperfeito	
Eu	posso	Eu	pude	Eu	podia
Tu	podes	Tu	pudeste	Tu	podias
Ele	pode	Ele	pôde	Ele	podia
Nós	podemos	Nós	pudemos	Nós	podíamos
Vós	podeis	Vós	pudestes	Vós	podíeis
Eles	podem	Eles	puderam	Eles	podiam

9. PÔR

Presente		Pretérito Perfeito		Pretérito Imperfeito	
Eu	ponho	Eu	pus	Eu	punha
Tu	pões	Tu	puseste	Tu	punhas
Ele	põe	Ele	pôs	Ele	punha
Nós	pomos	Nós	pusemos	Nós	púnhamos
Vós	pondes	Vós	pusestes	Vós	púnheis
Eles	põem	Eles	puseram	Eles	punham

10. VIR

Presente		Pretérito Perfeito		Pretérito Imperfeito	
Eu	venho	Eu	vim	Eu	vinha
Tu	vens	Tu	vieste	Tu	vinhas
Ele	vem	Ele	veio	Ele	vinha
Nós	vimos	Nós	viemos	Nós	vínhamos
Vós	vindes	Vós	viestes	Vós	vínheis
Eles	vêm	Eles	vieram	Eles	vinham

11. VER

Presente		Pretérito Perfeito		Pretérito Imperfeito	
Eu	vejo	Eu	vi	Eu	via
Tu	vês	Tu	viste	Tu	vias
Ele	vê	Ele	viu	Ele	via
Nós	vemos	Nós	vimos	Nós	víamos
Vós	vedes	Vós	vistes	Vós	víeis
Eles	veem	Eles	viram	Eles	viam

12. LER

Presente		Pretérito Perfeito		Pretérito Imperfeito	
Eu	leio	Eu	li	Eu	lia
Tu	lês	Tu	leste	Tu	lias
Ele	lê	Ele	leu	Ele	lia
Nós	lemos	Nós	lemos	Nós	líamos
Vós	ledes	Vós	lestes	Vós	líeis
Eles	leem	Eles	leram	Eles	liam

13. CRER

Presente		Pretérito Perfeito		Pretérito Imperfeito	
Eu	creio	Eu	cri	Eu	cria
Tu	crês	Tu	creste	Tu	crias
Ele	crê	Ele	creu	Ele	cria
Nós	cremos	Nós	cremos	Nós	críamos
Vós	credes	Vós	crestes	Vós	críeis
Eles	creem	Eles	creram	Eles	criam

14. PASSEAR

Presente		Pretérito Perfeito		Pretérito Imperfeito	
Eu	passeio	Eu	passeei	Eu	passeava
Tu	passeias	Tu	passeaste	Tu	passeavas
Ele	passeia	Ele	passeou	Ele	passeava
Nós	passeamos	Nós	passeamos	Nós	passeávamos
Vós	passeais	Vós	passeastes	Vós	passeáveis
Eles	passeiam	Eles	passearam	Eles	passeavam

15. RIR

Presente		Pretérito Perfeito		Pretérito Imperfeito	
Eu	rio	Eu	ri	Eu	ria
Tu	ris	Tu	riste	Tu	rias
Ele	ri	Ele	riu	Ele	ria
Nós	rimos	Nós	rimos	Nós	ríamos
Vós	rides	Vós	ristes	Vós	ríeis
Eles	riem	Eles	riram	Eles	riam

16. SAIR / CAIR

Presente		Pretérito Perfeito		Pretérito Imperfeito	
Eu	saio / caio	Eu	saí / caí	Eu	saía / caía
Tu	sais / cais	Tu	saíste / caíste	Tu	saías / caías
Ele	sai / cai	Ele	saiu / caiu	Ele	saía / caía
Nós	saímos / caímos	Nós	saímos / caímos	Nós	saíamos / caíamos
Vós	saís / caís	Vós	saístes / caístes	Vós	saíeis / caíeis
Eles	saem / caem	Eles	saíram / caíram	Eles	saíam / caíam

17. DIZER

Presente		Pretérito Perfeito		Pretérito Imperfeito	
Eu	digo	Eu	disse	Eu	dizia
Tu	dizes	Tu	disseste	Tu	dizias
Ele	diz	Ele	disse	Ele	dizia
Nós	dizemos	Nós	dissemos	Nós	dizíamos
Vós	dizeis	Vós	dissestes	Vós	dizíeis
Eles	dizem	Eles	disseram	Eles	diziam

18. FAZER

Presente		Pretérito Perfeito		Pretérito Imperfeito	
Eu	faço	Eu	fiz	Eu	fazia
Tu	fazes	Tu	fizeste	Tu	fazias
Ele	faz	Ele	fez	Ele	fazia
Nós	fazemos	Nós	fizemos	Nós	fazíamos
Vós	fazeis	Vós	fizestes	Vós	fazíeis
Eles	fazem	Eles	fizeram	Eles	faziam

19. TRAZER

Presente		Pretérito Perfeito		Pretérito Imperfeito	
Eu	trago	Eu	trouxe	Eu	trazia
Tu	trazes	Tu	trouxeste	Tu	trazias
Ele	traz	Ele	trouxe	Ele	trazia
Nós	trazemos	Nós	trouxemos	Nós	trazíamos
Vós	trazeis	Vós	trouxestes	Vós	trazíeis
Eles	trazem	Eles	trouxeram	Eles	traziam

20. QUERER

Presente		Pretérito Perfeito		Pretérito Imperfeito	
Eu	quero	Eu	quis	Eu	queria
Tu	queres	Tu	quiseste	Tu	querias
Ele	quer	Ele	quis	Ele	queria
Nós	queremos	Nós	quisemos	Nós	queríamos
Vós	quereis	Vós	quisestes	Vós	queríeis
Eles	querem	Eles	quiseram	Eles	queriam

21. PEDIR

Presente		Pretérito Perfeito		Pretérito Imperfeito	
Eu	peço	Eu	pedi	Eu	pedia
Tu	pedes	Tu	pediste	Tu	pedias
Ele	pede	Ele	pediu	Ele	pedia
Nós	pedimos	Nós	pedimos	Nós	pedíamos
Vós	pedis	Vós	pedistes	Vós	pedíeis
Eles	pedem	Eles	pediram	Eles	pediam

22. OUVIR

Presente		Pretérito Perfeito		Pretérito Imperfeito	
Eu	ouço	Eu	ouvi	Eu	ouvia
Tu	ouves	Tu	ouviste	Tu	ouvias
Ele	ouve	Ele	ouviu	Ele	ouvia
Nós	ouvimos	Nós	ouvimos	Nós	ouvíamos
Vós	ouvis	Vós	ouvistes	Vós	ouvíeis
Eles	ouvem	Eles	ouviram	Eles	ouviam

23. PERDER

Presente		Pretérito Perfeito		Pretérito Imperfeito	
Eu	perco	Eu	perdi	Eu	perdia
Tu	perdes	Tu	perdiste	Tu	perdias
Ele	perde	Ele	perdeu	Ele	perdia
Nós	perdemos	Nós	perdemos	Nós	perdíamos
Vós	perdeis	Vós	perdestes	Vós	perdíeis
Eles	perdem	Eles	perderam	Eles	perdiam

24. DORMIR

Presente		Pretérito Perfeito		Pretérito Imperfeito	
Eu	durmo	Eu	dormi	Eu	dormia
Tu	dormes	Tu	dormiste	Tu	dormias
Ele	dorme	Ele	dormiu	Ele	dormia
Nós	dormimos	Nós	dormimos	Nós	dormíamos
Vós	dormis	Vós	dormistes	Vós	dormíeis
Eles	dormem	Eles	dormiram	Eles	dormiam

25. PREFERIR

Presente		Pretérito Perfeito		Pretérito Imperfeito	
Eu	prefiro	Eu	preferi	Eu	preferia
Tu	preferes	Tu	preferiste	Tu	preferias
Ele	prefere	Ele	preferiu	Ele	preferia
Nós	preferimos	Nós	preferimos	Nós	preferíamos
Vós	preferis	Vós	preferistes	Vós	preferíeis
Eles	preferem	Eles	preferiram	Eles	preferiam

A1 어휘 목록

단어	품사	뜻	과정
a	명사(남) 정관사(여) 목적격대명사 전치사	포르투갈어의 첫 번째 자모 그 그녀를, 그것(여)을 …에, …로	UNIDADE I UNIDADE I UNIDADE X UNIDADE VI
abacaxi(B) / ananás(P)	명사(남)	파인애플	UNIDADE IX
abraço	명사(남)	껴안기, 포옹, 포옹의 인사	UNIDADE XII
abrir	동사	열다, 열리다	UNIDADE VI
acabar	동사	끝내다, 끝나다	UNIDADE VI
academia	명사(여)	헬스장, 체육관	UNIDADE XI
acento	명사(남)	강세, 억양	UNIDADE I
achar	동사	생각하다	UNIDADE XI
acordar	동사	기상하다, 일어나다, 깨다, 깨우다	UNIDADE VI
açúcar	명사(남)	설탕	UNIDADE IX
adeus	감탄사	잘 가, 잘 있어	UNIDADE III
adorar	동사	무척 좋아하다	UNIDADE IV
advogado/a	명사(남/여)	변호사	UNIDADE IV
agora	부사	지금, 이제	UNIDADE VII
agradável	형용사	쾌적한, 유쾌한	UNIDADE VII
agricultor(a)	명사(남/여)	농부	UNIDADE IV
água	명사(여)	물	UNIDADE IX
ai	감탄사	아, 아이고	UNIDADE VII
aí	부사	여기에, 거기에, 저기에, 그곳에	UNIDADE IV
ainda	부사	아직, 아직도	UNIDADE IX

단어	품사	뜻	과정
ajuda	명사(여)	도움	UNIDADE X
ajudar	동사	도와주다, 돕다	UNIDADE X
alegre	형용사	기쁜, 즐거운, 명랑한	UNIDADE IV
alfabeto	명사(남)	알파벳	UNIDADE I
alguém	부정대명사	어떤 사람, 누군가	UNIDADE XII
algum(a)	부정형용사	일부의, 몇몇의	UNIDADE XII
ali	부사	거기에, 저기에, 그곳에	UNIDADE IV
almoçar	동사	점심 먹다	UNIDADE VI
almoço	명사(남)	점심	UNIDADE IX
alto/a	형용사	키가 큰, 높은	UNIDADE IV
altura	명사(여)	키, 신장	UNIDADE III
aluno/a	명사(남/여)	학생, 제자	UNIDADE III
amanhã	부사	내일	UNIDADE III
amar	동사	사랑하다	UNIDADE IV
amarelo/a	형용사	노란, 노란색의	UNIDADE X
amigável	형용사	친근한, 화기애애한	UNIDADE IV
amigo/a	명사(남/여)	친구	UNIDADE IV
andar	동사	걷다, 타다	UNIDADE XI
animado/a	형용사	생기발랄한, 활발한	UNIDADE IV
animal	명사(남)	동물	UNIDADE II
aniversário	명사(남)	생일	UNIDADE III
ano	명사(남)	나이, 년, 해	UNIDADE III
antes	부사	앞에, 전에	UNIDADE X
antigo/a	형용사	오래된, 옛날의	UNIDADE V
apagar	동사	지우다, 끄다	UNIDADE VI
apanhar	동사	타다, 잡다, 쥐다	UNIDADE VIII
apartamento	명사(남)	아파트	UNIDADE V
apelido	명사(남)	닉네임(B), 성(姓)(P)	UNIDADE IV
apimentado/a	형용사	매운	UNIDADE IX
aposentado/a	형용사	정년퇴직한	UNIDADE IV
aprender	동사	배우다, 학습하다	UNIDADE V

단어	품사	뜻	과정
apresentar	동사	소개하다	UNIDADE III
aquele/a	지시사	그, 저, 그것, 저것	UNIDADE IV
aqui	부사	여기에, 이곳에	UNIDADE IV
aquilo	중성지시대명사	그것, 저것	UNIDADE IV
ar-condicionado	명사(남)	에어컨	UNIDADE V
armário	명사(남)	거실장, 책장, 찬장	UNIDADE V
arquiteto/a	명사(남/여)	건축가	UNIDADE IV
arrogante	형용사	거만한, 건방진	UNIDADE IV
arroz	명사(남)	쌀, 밥	UNIDADE IX
arrumar	동사	정돈하다, 정리하다	UNIDADE VI
arte	명사(여)	예술	UNIDADE XI
artigo	명사(남)	관사	UNIDADE I
artista	명사(남/여)	예술가	UNIDADE XII
árvore	명사(여)	나무	UNIDADE V
assim	부사	이렇게, 이와 같이	UNIDADE X
assistir	동사	관람하다, 시청하다, (수업을) 듣다	UNIDADE VI
até	전치사, 부사	...까지, 심지어	UNIDADE XII
atenção	명사(여)	주의, 주목, 이목	UNIDADE XII
atendente	명사(남/여)	점원	UNIDADE X
atividade	명사(여)	활동	UNIDADE XII
ativo/a	형용사	적극적인	UNIDADE IV
ator/atriz	명사(남/여)	배우	UNIDADE XII
atrás	부사	뒤에	UNIDADE X
atrasado/a	형용사	늦은, 지각한, 지연된	UNIDADE VI
atraso	명사(남)	늦음, 지각, 지연	UNIDADE IX
atravessar	동사	가로지르다, 건너다	UNIDADE VIII
aula	명사(여)	수업	UNIDADE V
avenida	명사(여)	대로	UNIDADE VIII
avião	명사(남)	비행기	UNIDADE VIII
avô/avó	명사(남/여)	할아버지, 할머니	UNIDADE IV

단어	품사	뜻	과정
azul	형용사	파란, 파란색의	UNIDADE X
bacalhau	명사(남)	대구	UNIDADE IX
bacana	형용사	좋은, 훌륭한, 멋진	UNIDADE VII
bagunça(B) /barafunda(P)		무질서, 혼란	UNIDADE VII
bairro	명사(남)	동네, 행정구역	UNIDADE VIII
baixo	명사(남)	아래	UNIDADE V
bala(B)/rebuçado(P)	명사(여)	사탕	UNIDADE IX
balada(B)	명사(여)	댄스파티, 클럽	UNIDADE XII
balão	명사(남)	풍선	UNIDADE XI
banana	명사(여)	바나나	UNIDADE IX
banco	명사(남)	은행	UNIDADE VIII
banda	명사(여)	밴드	UNIDADE XII
bandejão(B)	명사(남)	구내식당	UNIDADE IX
banheiro(B) / casa de banho(P)	명사(남)	화장실, 욕실	UNIDADE V
banho	명사(남)	목욕	UNIDADE VI
bar	명사(남)	바	UNIDADE IX
barata	명사(여)	바퀴벌레	UNIDADE VII
barato/a	형용사	싼, 저렴한	UNIDADE X
barba	명사(여)	수염	UNIDADE VI
barco	명사(남)	배	UNIDADE VIII
barriga	명사(여)	배, 복부	UNIDADE IX
barulho	명사(남)	소리, 소음	UNIDADE V
básico/a	형용사	기초의, 기본의	UNIDADE XI
basquetebol	명사(남)	농구	UNIDADE XI
bastante	형용사	충분한	UNIDADE IX
batata	명사(여)	감자	UNIDADE IX
bater	동사	두드리다, 때리다, (햇빛이) 들다	UNIDADE VII
bêbado/a	형용사	술 취한	UNIDADE IX
bebê(B) / bebé(P)	명사(남)	갓난아기, 아기	UNIDADE IV
beber	동사	마시다	UNIDADE IX

단어	품사	뜻	과정
bebida	명사(여)	음료	UNIDADE IX
beijo	명사(남)	입맞춤, 키스	UNIDADE XII
beisebol	명사(남)	야구	UNIDADE XI
beleza	명사(여)	아름다움, 미(美)	UNIDADE VII
bem	부사	잘, 아무, 매우	UNIDADE III
bem-vindo/a	형용사	환영하는(받는)	UNIDADE I
bermuda(B) / bermudas(P)		반바지	UNIDADE X
biblioteca	명사(여)	도서관	UNIDADE VIII
bicicleta	명사(여)	자전거	UNIDADE XI
bife	명사(남)	스테이크	UNIDADE IX
bilhar	명사(남)	당구	UNIDADE XI
bilhete	명사(남)	표, 입장권	UNIDADE XII
biscoito	명사(남)	쿠키	UNIDADE IX
blusa	명사(여)	블라우스	UNIDADE X
bobo/a	형용사	멍청한, 바보의	UNIDADE IV
boca	명사(여)	입	UNIDADE IX
boi/vaca	명사(남/여)	수소/암소	UNIDADE IX
bola	명사(여)	공, 볼	UNIDADE XI
bolo	명사(남)	케이크	UNIDADE IX
bom/boa	형용사	좋은, 훌륭한, 멋진	UNIDADE III
bombeiro/a	명사(남/여)	소방관	UNIDADE IV
boné	명사(남)	야구모자	UNIDADE X
boneca	명사(여)	인형	UNIDADE X
bonito/a	형용사	예쁜	UNIDADE X
bota	명사(여)	부츠	UNIDADE X
branco/a	형용사	하얀, 흰색의	UNIDADE X
bravo/a	형용사	화가 난, 욱하는, 흥분하기 쉬운	UNIDADE IV
brinco	명사(남)	귀걸이	UNIDADE X
budista	명사(남/여)	불교 신자	UNIDADE IV
bufê	명사(남)	뷔페	UNIDADE IX

단어	품사	뜻	과정
buscar	동사	찾다, 데리러 가다	UNIDADE VIII
cabeça	명사(여)	머리	UNIDADE IX
cabelo	명사(남)	머리카락	UNIDADE IV
cachorro/a	명사(남/여)	강아지	UNIDADE IV
cadeira	명사(여)	의자	UNIDADE V
caderno	명사(남)	공책, 노트	UNIDADE III
café	명사(남)	커피, 카페	UNIDADE IX
cafeteria(B) / cafetaria(P)	명사(여)	카페	UNIDADE IX
cafezinho	명사(남)	카페징유	UNIDADE IX
calça(B) / calças(P)	명사(여)	바지	UNIDADE X
calendário	명사(남)	달력	UNIDADE VI
calmo/a	형용사	차분한, 침착한	UNIDADE IV
calor	명사(남)	더위, 열기	UNIDADE VII
calouro/a	명사(남/여)	신입생	UNIDADE III
cama	명사(여)	침대	UNIDADE V
camisa	명사(여)	셔츠	UNIDADE X
camiseta(B) / T-shirt(P)	명사(여)	티셔츠	UNIDADE X
campainha	명사(여)	벨, 초인종	UNIDADE V
campeão/campeã	명사(남/여)	챔피언	UNIDADE XI
canção	명사(여)	노래	UNIDADE XI
caneta	명사(여)	펜	UNIDADE III
cansado/a	형용사	지친, 피곤한	UNIDADE III
cantar	동사	노래하다	UNIDADE XI
cantina	명사(여)	학생 식당, 비스트로	UNIDADE IX
cantor(a)	명사(남/여)	가수	UNIDADE XII
cão/cadela	명사(남/여)	수캐/암캐	UNIDADE I
capital	명사(남/여)	자본/수도	UNIDADE V
cardápio(B) / ementa(P)	명사(남)	메뉴판	UNIDADE IX
carne	명사(여)	고기	UNIDADE IX
caro/a	형용사	비싼	UNIDADE X

단어	품사	뜻	과정
carro	명사(남)	자동차, 차	UNIDADE VIII
carta	명사(여)	편지	UNIDADE X
casa	명사(여)	집, 가정	UNIDADE V
casado/a	형용사	결혼한, 기혼의	UNIDADE III
casal	명사(남)	커플	UNIDADE X
castanho/a	형용사	갈색의	UNIDADE X
cedo	부사	일찍	UNIDADE VI
celular(B) / telemóvel(P)	명사(남)	핸드폰, 휴대폰	UNIDADE X
centro	명사(남)	중앙, 시내	UNIDADE VIII
certo/a	형용사	어떤, 옳은, 확실한	UNIDADE XII
cerveja	명사(여)	맥주	UNIDADE IX
céu	명사(남)	하늘	UNIDADE VII
chá	명사(남)	차(茶)	UNIDADE IX
chamada	명사(여)	(출석)호명, 호출	UNIDADE II
chamar	동사	부르다	UNIDADE III
chance	명사(여)	기회	UNIDADE XII
chapéu	명사(남)	모자	UNIDADE X
chato/a	형용사	재미없는, 지루한	UNIDADE XII
chave	명사(여)	열쇠	UNIDADE VIII
chegar	동사	도착하다, 이르다	UNIDADE VIII
cheio/a	형용사	가득 찬	UNIDADE IX
cheiro	명사(남)	냄새, 향기	UNIDADE IX
chocolate	명사(남)	초콜릿	UNIDADE IX
chope(B) / imperial(P) / fino(P)	명사(남)	생맥주	UNIDADE IX
chorar	동사	울다	UNIDADE IX
chover	동사	비가 오다	UNIDADE VII
chuva	명사(여)	비	UNIDADE VII
chuveiro	명사(남)	샤워기	UNIDADE VI
cidade	명사(여)	도시	UNIDADE V
cientista	명사(남/여)	과학자	UNIDADE IV

단어	품사	뜻	과정
cigarro	명사(남)	담배	UNIDADE VI
cima	명사(여)	위	UNIDADE V
cinema	명사(남)	영화관	UNIDADE XII
cinto	명사(남)	벨트, 허리띠	UNIDADE X
cinza	명사(여)	회색	UNIDADE X
cinzento/a	형용사	회색의	UNIDADE X
ciúme	명사(남)	질투	UNIDADE IX
claro/a	형용사	명확한, 밝은	UNIDADE X
classe	명사(여)	계급, 계층, 학급	UNIDADE I
clima	명사(남)	기후	UNIDADE VII
clube	명사(남)	클럽	UNIDADE XI
coca	명사(여)	콜라	UNIDADE IX
coelho/a	명사(남/여)	토끼	UNIDADE I
coisa	명사(여)	것, 사물, 물건	UNIDADE VII
colega	명사(남/여)	동기, 동료	UNIDADE III
colégio	명사(남)	중등학교	UNIDADE IV
com	전치사	...와 함께, ...을 가진, ...로	UNIDADE XII
começar	동사	시작하다	UNIDADE VI
começo	명사(남)	시작	UNIDADE VI
comer	동사	먹다	UNIDADE IX
comida	명사(여)	음식	UNIDADE IX
como	의문사, 접속사	어떻게, ... 때문에, ...로서	UNIDADE III
compra	명사(여)	구매, 사기	UNIDADE X
comprar	동사	사다	UNIDADE X
comprido/a	형용사	긴	UNIDADE IV
compromisso	명사(남)	약속	UNIDADE XII
computador	명사(남)	컴퓨터	UNIDADE V
comum	형용사	공통의, 보통의, 흔한	UNIDADE I
comunicativo/a	형용사	사교적인	UNIDADE IV
concerto	명사(남)	공연, 콘서트	UNIDADE XII

단어	품사	뜻	과정
conhecer	동사	(직접적인 경험을 통해) 알다	UNIDADE IX
conta	명사(여)	계산서	UNIDADE IX
contente	형용사	만족한	UNIDADE IX
conversa	명사(여)	대화	UNIDADE IV
conversação	명사(여)	회화	UNIDADE VI
conversar	동사	대화하다, 이야기하다	UNIDADE XI
convidar	동사	초대하다	UNIDADE XII
convite	명사(남)	초대	UNIDADE XII
copo	명사(남)	컵	UNIDADE IX
cor	명사(여)	색깔	UNIDADE X
corredor	명사(남)	복도, (버스 전용) 차선	UNIDADE V
correio	명사(남)	우체국	UNIDADE VIII
correr	동사	달리다	UNIDADE XI
corrida	명사(여)	달리기, 조깅	UNIDADE XI
costumar	동사	...하곤 하다	UNIDADE VI
cozinha	명사(여)	부엌	UNIDADE V
cozinhar	동사	요리하다	UNIDADE XI
cozinheiro/a	명사(남/여)	요리사	UNIDADE IV
creme	명사(남)	크림	UNIDADE IX
criança	명사(여)	어린아이	UNIDADE I
cultura	명사(여)	문화	UNIDADE XII
cumprimentar	동사	인사하다	UNIDADE III
curioso/a	형용사	호기심이 많은	UNIDADE IV
curto/a	형용사	짧은	UNIDADE IV
custar	동사	비용이 들다	UNIDADE X
dançar	동사	춤추다	UNIDADE XI
dar	동사	주다	UNIDADE X
data	명사(여)	날짜	UNIDADE VI
de	전치사	...의, ...출신의, ...로	UNIDADE III
deitar	동사	눕히다	UNIDADE VI

단어	품사	뜻	과정
demorar	동사	(시간이) 걸리다, 지체되다	UNIDADE VIII
dentro	부사	안에	UNIDADE V
depois	부사	나중에	UNIDADE VI
desculpa	명사(여)	사과, 사죄, 용서	UNIDADE III
devagar	부사	느리게, 천천히	UNIDADE VIII
dever	동사	...임에 틀림없다, ...해야만 한다	UNIDADE VIII
dia	명사(남)	낮, 일, 하루	UNIDADE III
dieta	명사(여)	다이어트	UNIDADE IX
diferente	형용사	다른	UNIDADE X
difícil	형용사	난해한, 어려운	UNIDADE VIII
dinheiro	명사(남)	돈	UNIDADE X
divertido/a	형용사	재미있는	UNIDADE XI
divertir	동사	기분 전환시키다, 즐겁게 하다, 재미있게 하다	UNIDADE XI
dizer	동사	말하다	UNIDADE VIII
doce	형용사	달콤한	UNIDADE IX
doente	형용사	아픈	UNIDADE VI
dor	명사(여)	고통, 통증	UNIDADE VI
dormir	동사	자다	UNIDADE VI
dormitório	명사(남)	기숙사, 침실	UNIDADE V
drogaria	명사(여)	약국	UNIDADE VIII
durante	전치사	...동안	UNIDADE VI
dúvida	명사(여)	의심	UNIDADE IX
e	명사(남) 접속사	포르투갈어의 다섯 번째 자모 그리고	UNIDADE I UNIDADE III
ele/ela	인칭대명사	그/그녀	UNIDADE III
elevador	명사(남)	승강기, 엘리베이터	UNIDADE VIII
em	전치사	...에	UNIDADE V
embaixo(B) / em baixo(P)	부사	아래에	UNIDADE V
empresa	명사(여)	회사	UNIDADE IV
encontrar	동사	마주치다, 만나다	UNIDADE XII

단어	품사	뜻	과정
endereço(B) / morada(P)	명사(남)	주소	UNIDADE V
enfermeiro/a	명사(남/여)	간호사	UNIDADE IV
ensinar	동사	가르치다	UNIDADE IV
então	부사	그러면	UNIDADE XII
entender	동사	이해하다	UNIDADE VIII
entrada	명사(여)	들어가기, 입장, 입구	UNIDADE VIII
entrar	동사	들어가다	UNIDADE VIII
entre	전치사	...사이에	UNIDADE VIII
enviar	동사	보내다	UNIDADE XII
errado/a	형용사	부정확한, 잘못된, 틀린	UNIDADE X
escada	명사(여)	계단	UNIDADE VIII
escola	명사(여)	학교	UNIDADE IV
escolher	동사	고르다, 선택하다	UNIDADE X
escrever	동사	쓰다	UNIDADE XII
escritório(B) / gabinete(P)	명사(남)	사무실, 서재	UNIDADE V
escuro/a	형용사	어두운	UNIDADE X
escutar	동사	듣다, 귀 기울이다	UNIDADE XI
espanhol(a)	형용사	스페인어의, 스페인의, 스페인 사람의	UNIDADE III
especial	형용사	특별한, 특수한	UNIDADE XII
esperar	동사	기다리다, 바라다, 희망하다	UNIDADE XII
esporte(B) / desporto(P)	명사(남)	스포츠	UNIDADE XI
esquecer	동사	잊다, 잊어버리다	UNIDADE XII
esquina	명사(여)	모퉁이, 구석	UNIDADE VIII
esse/essa	지시사	그, 그것, 이, 이것	UNIDADE IV
estação	명사(여)	계절, 역	UNIDADE VII
estar	동사	...이 있다, ...한 상태이다	UNIDADE III
este/esta	지시사	이, 이것	UNIDADE IV
estrada	명사(여)	도로	UNIDADE VIII
estrangeiro/a	형용사	외국의, 외국어의, 외국 사람의	UNIDADE III
estranho/a	형용사	이상한	UNIDADE X

단어	품사	뜻	과정
estreito/a	형용사	좁은	UNIDADE V
estrela	명사(여)	별	UNIDADE XI
estudar	동사	공부하다, 학습하다	UNIDADE VI
estudo	명사(남)	공부, 학습	UNIDADE VI
eu	인칭대명사	나는	UNIDADE III
evento	명사(남)	사건, 행사	UNIDADE XII
exame	명사(남)	시험	UNIDADE VI
exemplo	명사(남)	모범, 예, 전형	UNIDADE IV
exercício	명사(남)	연습, 연습문제, 운동	UNIDADE VI
experimentar	동사	경험해보다, 시도해보다	UNIDADE X
exposição	명사(여)	전시회	UNIDADE XII
exterior(B) / estrangeiro(P)	명사, 형용사	외부, 외부의, 해외, 해외의	UNIDADE V
fábrica	명사(여)	공장	UNIDADE V
faca	명사(여)	나이프, 칼	UNIDADE IX
fácil	형용사	쉬운, 용이한	UNIDADE VIII
falar	동사	말하다	UNIDADE VI
faltar	동사	결석하다, 부족하다, 빠지다	UNIDADE VI
família	명사(여)	가족	UNIDADE IV
famoso/a	형용사	유명한	UNIDADE XII
farmácia	명사(여)	약국	UNIDADE VIII
favor	명사(남)	부탁, 호의	UNIDADE III
favorito/a	형용사	가장 좋아하는	UNIDADE XI
fazer	동사	만들다, 하다	UNIDADE XI
fechar	동사	닫다, 덮다	UNIDADE VI
feio/a	형용사	못생긴, 추한	UNIDADE IV
feliz	형용사	기쁜, 행복한	UNIDADE IV
feminino/a	형용사	여성의	UNIDADE I
feriado	명사(남)	공휴일	UNIDADE VI
festa	명사(여)	연회, 잔치, 파티	UNIDADE XII
ficar	동사	...에 있다, 머물다	UNIDADE VI

단어	품사	뜻	과정
filho/a	명사(남/여)	아들/딸	UNIDADE IV
filme	명사(남)	영화	UNIDADE XII
fim	명사(남)	끝, 종말, 종료	UNIDADE VI
final	명사(남), 형용사	결승, 결론, 마지막의, 최종적인	UNIDADE VI
flor	명사(여)	꽃	UNIDADE VII
fogão	명사(남)	가스레인지	UNIDADE IX
fogo	명사(남)	불	UNIDADE IX
fome	명사(여)	배고픔, 허기	UNIDADE IX
fora	부사	밖에	UNIDADE V
força	명사(여)	기운, 힘	UNIDADE IV
forte	형용사	강한, 힘센	UNIDADE IV
foto(B) / fotografia(P)	명사(여)	사진	UNIDADE XI
fraco/a	형용사	약한	UNIDADE IV
franco/a	형용사	솔직한	UNIDADE IV
frango	명사(남)	닭고기	UNIDADE IX
frente	명사(여)	앞, 정면	UNIDADE V
fresco/a	형용사	선선한, 신선한	UNIDADE VII
frio/a	형용사	차가운, 찬, 추운	UNIDADE VII
frito/a	형용사	튀긴	UNIDADE IX
fruta	명사(여)	과일	UNIDADE IX
fumar	동사	담배피다	UNIDADE VI
funcionário/a	명사(남/여)	직원	UNIDADE IV
fundo	명사(남)	깊은 곳, 바닥	UNIDADE V
futebol	명사(남)	축구	UNIDADE XI
futuro	명사(남)	미래, 장래	UNIDADE VI
garagem	명사(여)	차고	UNIDADE V
garçom/garçonete(B) / empregado/a(P)	명사(남/여)	웨이터, 종업원	UNIDADE IX
garfo	명사(남)	포크	UNIDADE IX
gastar	동사	낭비하다, 소비하다, 쓰다	UNIDADE X

단어	품사	뜻	과정
gato/a	명사(남/여)	수고양이/암고양이	UNIDADE IV
geladeira(B) / frigorífico(P)	명사(여)	냉장고	UNIDADE IX
gelo	명사(남)	얼음	UNIDADE IX
gêmeo/a(B) / gémeo/a(P)	형용사	쌍둥이	UNIDADE IV
gente	명사(여)	사람들	UNIDADE XII
gentil	형용사	친절한	UNIDADE IV
geral	형용사	일반적인	UNIDADE VI
golfe	명사(남)	골프	UNIDADE XI
gordo/a	형용사	뚱뚱한	UNIDADE IV
gostar	동사	좋아하다	UNIDADE VII
gosto	명사(남)	맛, 취향	UNIDADE IX
gostoso/a(B) / saboroso/a(P)	형용사	맛있는	UNIDADE IX
grande	형용사	커다란, 큰	UNIDADE IV
gravata	명사(여)	넥타이	UNIDADE X
grupo	명사(남)	그룹, 집단, 팀	UNIDADE XII
guarda-chuva	명사(남)	우산	UNIDADE X
guardanapo	명사(남)	냅킨	UNIDADE IX
hambúrguer	명사(남)	햄버거	UNIDADE IX
haver	동사	가지다, 가지고 있다, ...이 있다, ...이 존재하다	UNIDADE VIII
hoje	부사	오늘	UNIDADE VI
homem	명사(남)	남자, 사람, 인간	UNIDADE I
honesto/a	형용사	정직한	UNIDADE IV
hora	명사(여)	때, 시간	UNIDADE VI
horário	명사(남)	시각	UNIDADE VI
horrível	형용사	끔찍한	UNIDADE XII
horror	명사(남)	공포	UNIDADE XII
hospital	명사(남)	병원	UNIDADE VIII
hotel	명사(남)	호텔	UNIDADE VIII
idade	명사(여)	나이	UNIDADE III

단어	품사	뜻	과정
ideia	명사(여)	사고, 생각	UNIDADE IV
igreja	명사(여)	교회	UNIDADE VI
igual	형용사	동등한, 동일한, 똑같은	UNIDADE I
importante	형용사	중요한	UNIDADE XII
início	명사(남)	시작, 초반	UNIDADE VI
inteiro/a	형용사	전체의	UNIDADE VI
inteligente	형용사	똑똑한	UNIDADE IV
interesse	명사(남)	관심, 흥미	UNIDADE XII
interessante	형용사	흥미로운	UNIDADE XII
interior	명사, 형용사	내부, 내부의, 내륙, 내륙의	UNIDADE V
internacional	형용사	국제적인	UNIDADE XII
intervalo	명사(남)	간격, 중간 휴식 시간	UNIDADE VI
inveja	명사(여)	부러움, 선망, 시기	UNIDADE IX
inverno	명사(남)	겨울	UNIDADE VII
ir	동사	가다, 지내다	UNIDADE III
irmão/irmã	명사(남/여)	형제, 형, 오빠, 남동생/자매, 언니, 누나, 여동생	UNIDADE IV
isso	지시사	그것, 이것	UNIDADE IV
isto	지시사	이것	UNIDADE IV
já	부사	벌써, 이미	UNIDADE VI
janela	명사(여)	창문	UNIDADE V
jantar	동사, 명사(남)	저녁 먹다, 저녁 식사하다, 저녁 식사	UNIDADE IX
jaqueta(B) / casaco(P)	명사(여)	자켓	UNIDADE X
jardim	명사(남)	정원	UNIDADE V
jogar	동사	놀다, (스포츠를) 하다	UNIDADE XI
jogo	명사(남)	경기, 놀이	UNIDADE XI
jornal	명사(남)	신문	UNIDADE VI
jornalista	명사(남/여)	언론인	UNIDADE IV
jovem	형용사	젊은이의, 청년의	UNIDADE IV
junto/a	형용사	같이, 함께	UNIDADE IV

단어	품사	뜻	과정
lá	부사	그곳에, 저곳에	UNIDADE IV
lado	명사(남)	옆, 측면	UNIDADE V
lâmpada	명사(여)	전등	UNIDADE V
lanche	명사(남)	간식	UNIDADE IX
lanchonete	명사(여)	매점	UNIDADE IX
lápis	명사(남)	연필	UNIDADE I
laranja	명사(여)	오렌지	UNIDADE IX
largo/a	형용사	넓은	UNIDADE V
lavanderia(B) / lavandaria(P)	명사(여)	다용도실	UNIDADE V
lavar	동사	닦다, 씻다	UNIDADE VI
legal(B) / fixe(P)	형용사	괜찮은, 좋은	UNIDADE VII
legume	명사(남)	야채	UNIDADE IX
leite	명사(남)	우유	UNIDADE IX
lembrar	동사	기억하다, 상기하다	UNIDADE VI
lento/a	부사, 형용사	느리게, 느린	UNIDADE VIII
ler	동사	읽다	UNIDADE XI
leste	형용사	동쪽의	UNIDADE VIII
levantar	동사	들어올리다, 일으키다	UNIDADE VI
levar	동사	가져가다	UNIDADE X
leve	형용사	가벼운	UNIDADE IX
lhe	목적격대명사	그에게, 그녀에게, 당신에게	UNIDADE X
licença	명사(여)	승인, 허가, 허락	UNIDADE III
ligar	동사	연결하다, 전화하다	UNIDADE XII
limpar	동사	닦다, 청소하다	UNIDADE VI
limpo/a	형용사	깨끗한	UNIDADE VI
língua	명사(여)	언어, 혀	UNIDADE I
livraria	명사(여)	서점	UNIDADE VIII
livre	형용사	여유로운, 자유로운	UNIDADE XI
livro	명사(남)	도서, 책	UNIDADE XI

단어	품사	뜻	과정
logo	부사	곧, 이내	UNIDADE III
loja	명사(여)	가게, 상점	UNIDADE VIII
longe	부사	멀리	UNIDADE V
longo/a	형용사	긴	UNIDADE IV
louça	명사(여)	그릇	UNIDADE VI
louco/a	형용사	미친, 제정신이 아닌	UNIDADE IV
louro/a / loiro/a	형용사	금발의	UNIDADE IV
lua	명사(여)	달	UNIDADE VII
lugar(B) / sítio(P)	명사(남)	장소	UNIDADE VIII
luva	명사(여)	장갑	UNIDADE X
luz	명사(여)	빛, 전기	UNIDADE VII
maçã	명사(여)	사과	UNIDADE IX
mãe	명사(여)	어머니	UNIDADE IV
magro/a	형용사	마른, 야윈	UNIDADE IV
maior	형용사	더 나이가 많은, 더 큰	UNIDADE XI
mais	부사, 형용사	더, 더 많은	UNIDADE XI
mal	부사	그리 좋지 않게, 나쁘게, 어렵사리	UNIDADE III
manhã	명사(여)	아침, 오전	UNIDADE VI
mão	명사(여)	손	UNIDADE III
mapa	명사(남)	지도	UNIDADE I
mar	명사(남)	바다	UNIDADE XI
marcar	동사	정하다	UNIDADE XII
marido/mulher	명사(남/여)	남편/아내	UNIDADE IV
mas	접속사	그러나	UNIDADE III
masculino/a	형용사	남성의	UNIDADE I
massa	명사(여)	면류, 스파게티	UNIDADE IX
matar	동사	죽이다	UNIDADE XII
mau/má	형용사	나쁜	UNIDADE IV
me	목적격대명사, 재귀대명사	나를, 나에게	UNIDADE VI

단어	품사	뜻	과정
médico/a	명사(남/여)	의사	UNIDADE IV
médio/a	형용사	중간의, 평균의	UNIDADE X
medo	명사(남)	겁, 두려움	UNIDADE VI
meio/a	부사, 형용사	다소, 절반의, 중간의	UNIDADE V
melancia	명사(여)	수박	UNIDADE IX
melão	명사(남)	멜론	UNIDADE IX
melhor	형용사	더 나은, 더 좋은	UNIDADE XI
menino/a(B) / miúdo/a(P)	명사(남/여)	소년/소녀	UNIDADE IV
menor	형용사	더 나이가 적은, 더 작은	UNIDADE XI
menos	부사, 형용사	덜, 더 적은	UNIDADE XI
mensagem	명사(여)	메시지	UNIDADE XII
mercado	명사(남)	시장	UNIDADE X
mês	명사(남)	달, 월	UNIDADE VI
mesa	명사(여)	탁자, 책상	UNIDADE V
mesmo/a	형용사	같은, 동일한	UNIDADE XII
metrô(B) / metro(P)	명사(남)	전철, 지하철	UNIDADE VIII
meu/minha	소유사	나의	UNIDADE III
mim	전치사목적격 대명사	나를, 나에게	UNIDADE X
mineral	형용사	미네랄의	UNIDADE IX
minissaia	명사(여)	미니스커트	UNIDADE X
minuto	명사(남)	분	UNIDADE VI
mochila	명사(여)	배낭, 백팩	UNIDADE X
moço/a(B)	명사(남/여)	청년/아가씨	UNIDADE VIII
montanha	명사(여)	산	UNIDADE XI
morango	명사(남)	딸기	UNIDADE IX
morar	동사	거주하다, 살다	UNIDADE V
moreno/a	형용사	피부색이 가무잡잡한, 피부색이 어두운	UNIDADE IV
morrer	동사	죽다	UNIDADE IX
mostrar	동사	보여주다	UNIDADE VIII

단어	품사	뜻	과정
motocicleta(B) / moto(B) / mota(P)	명사(여)	오토바이	UNIDADE VIII
motorista	명사(남/여)	운전사	UNIDADE VIII
mudar	동사	바꾸다, 변하다, 옮기다	UNIDADE V
muito/a	부사, 형용사	매우, 많이, 많은	UNIDADE III
mulher	명사(여)	여자, 여성	UNIDADE I
mundo	명사(남)	세계, 세상	UNIDADE XII
museu	명사(남)	박물관, 미술관	UNIDADE XII
música	명사(여)	음악	UNIDADE XII
músico/a	명사(남/여)	음악가	UNIDADE XII
nacionalidade	명사(여)	국적	UNIDADE III
nada	부정대명사	아무 것도 아닌 것	UNIDADE XII
nadar	동사	수영하다, 헤엄치다	UNIDADE XI
namorado/a	명사(남/여)	애인, 연인	UNIDADE VI
namorar	동사	사귀다	UNIDADE VI
não	부사	아니(요)	UNIDADE III
nariz	명사(남)	코	UNIDADE I
navegar	동사	(인터넷을) 검색하다, 항해하다	UNIDADE XI
navio	명사(남)	배	UNIDADE VIII
negro/a	형용사	흑인의	UNIDADE IV
nenhum(a)	부정형용사	아무 것도 아닌	UNIDADE XII
nervoso/a	형용사	불안해 하는, 신경이 과민한	UNIDADE IV
neto/a	명사(남/여)	손주/손녀	UNIDADE IV
nevar	동사	눈이 내리다, 눈이 오다	UNIDADE VII
neve	명사(여)	눈	UNIDADE VII
ninguém	부정대명사	아무도 아닌 사람, 보잘것 없는 사람	UNIDADE XII
noite	명사(여)	밤	UNIDADE III
nome	명사(남)	이름	UNIDADE III
normal	형용사	보통인, 정상적인	UNIDADE VI
norte	형용사	북쪽의	UNIDADE VIII

단어	품사	뜻	과정
nos	목적격대명사	우리를, 우리에게	UNIDADE X
nós	인칭대명사	우리	UNIDADE III
nosso/a	소유사	우리의	UNIDADE III
novo/a	형용사	새로운, 어린	UNIDADE IV
nublado/a	형용사	구름이 낀	UNIDADE VII
número	명사(남)	숫자	UNIDADE V
nuvem	명사(여)	구름	UNIDADE VII
o	명사(남) 정관사(남) 목적격대명사	포르투갈어의 열네번째 자모 그 그를, 그것(남)을	UNIDADE I UNIDADE I UNIDADE X
obrigado/a	형용사	감사하는	UNIDADE III
óculos	명사(남)	안경	UNIDADE X
ocupado/a	형용사	바쁜	UNIDADE III
oeste	형용사	서쪽의	UNIDADE VIII
oi	감탄사	(만날 때 인사) 안녕	UNIDADE III
olá	감탄사	(만날 때 인사) 안녕	UNIDADE III
olhar	동사	바라보다, 보다	UNIDADE XI
olho	명사(남)	눈	UNIDADE IV
onde	의문사	어디에, 어디로	UNIDADE V
ônibus(B) / autocarro(P)	명사(남)	버스	UNIDADE VIII
ontem	부사	어제	UNIDADE VI
ou	접속사	또는, 혹은	UNIDADE III
outro/a	부정형용사	다른	UNIDADE XII
ouvir	동사	듣다	UNIDADE XI
ovo	명사(남)	달걀	UNIDADE IX
padaria	명사(여)	빵집, 제과점	UNIDADE IX
pagar	동사	계산하다, (돈을) 내다, 지불하다	UNIDADE X
página	명사(여)	쪽	UNIDADE I
pai	명사(남)	아버지	UNIDADE IV
pais	명사(남)	부모님	UNIDADE IV
país	명사(남)	나라	UNIDADE IV

단어	품사	뜻	과정
palavra	명사(여)	단어	UNIDADE I
pão	명사(남)	빵	UNIDADE IX
papel	명사(남)	역할, 종이	UNIDADE I
para	전치사	…로, …에게, …을 위해	UNIDADE VIII
parabéns	명사(남)	축하(인사)	UNIDADE III
parada(B) / paragem(P)	명사(여)	정거장	UNIDADE VIII
parar	동사	멈추다	UNIDADE VIII
parede	명사(여)	벽	UNIDADE V
parque	명사(남)	공원	UNIDADE VI
parte	명사(여)	부분	UNIDADE IV
partir	동사	떠나다, 출발하다	UNIDADE VIII
passado	명사(남), 형용사	과거, 과거의	UNIDADE VI
passagem	명사(여)	기차표, 비행기표	UNIDADE VIII
passar	동사	넘기다, 지나가다, 통과하다, (스포츠 경기 등에서) 패스하다	UNIDADE VIII
pássaro	명사(남)	새	UNIDADE XI
passatempo	명사(남)	취미	UNIDADE XI
passear	동사	산책하다	UNIDADE XI
passeio	명사(남)	산책, 당일치기 여행	UNIDADE XI
pé	명사(남)	발	UNIDADE VIII
pedir	동사	요구하다, 주문하다	UNIDADE IX
pegar	동사	잡다, 쥐다, 타다	UNIDADE VIII
peixe	명사(남)	물고기, 생선	UNIDADE IX
pensar	동사	생각하다	UNIDADE XII
pequeno/a	형용사	작은	UNIDADE IV
pera	명사(여)	배	UNIDADE IX
perder	동사	분실하다, 잃어버리다	UNIDADE IX
perguntar	동사	묻다, 질문하다	UNIDADE VIII
personalidade	명사(여)	개성, 성질	UNIDADE IV
perto	부사	가까이	UNIDADE V

단어	품사	뜻	과정
pesado/a	형용사	무거운	UNIDADE IX
pescar	동사	낚시하다	UNIDADE XI
pessoa	명사(여)	사람	UNIDADE IV
piano	명사(남)	피아노	UNIDADE XI
picante	형용사	매운	UNIDADE IX
pingue-pongue	명사(남)	탁구	UNIDADE XI
pintar	동사	(그림을) 그리다	UNIDADE XI
pintor(a)	명사(남/여)	화가	UNIDADE XI
pior	형용사	더 나쁜	UNIDADE XI
pobre	형용사	가난한, 불쌍한	UNIDADE IV
poder	동사	…할 수 있다	UNIDADE VI
polícia	명사(여)	경찰	UNIDADE IV
político/a	명사(남/여)	정치가	UNIDADE IV
ponto	명사(남)	마침표, (택시) 정거장	UNIDADE VIII
popular	형용사	대중적인	UNIDADE IX
por	전치사	…로, …를, …로 인해	UNIDADE VIII
pôr	동사	놓다, 두다, 배치하다	UNIDADE VI
porco/a	명사(남/여)	돼지	UNIDADE IX
porque	접속사	왜냐하면	UNIDADE III
porta	명사(여)	문	UNIDADE V
portão	명사(남)	대문, 정문	UNIDADE V
pouco/a(B)	형용사	약간의, 조금의	UNIDADE IX
praça	명사(여)	광장	UNIDADE VIII
prato	명사(남)	접시	UNIDADE IX
prazer	명사(남)	기쁨, 쾌락	UNIDADE III
precisar	동사	…을 필요로 하다	UNIDADE VIII
preço	명사(남)	가격	UNIDADE X
predileto/a	형용사	가장 좋아하는	UNIDADE IX
prédio	명사(남)	건물, 빌딩	UNIDADE VIII
preferir	동사	더 좋아하다, 선호하다	UNIDADE VII

단어	품사	뜻	과정
preguiçoso/a	형용사	게으른	UNIDADE IV
presente	명사(남), 형용사	선물, 현재, 현재의	UNIDADE VI
presidente	명사(남/여)	대통령, 사장, 회장	UNIDADE IV
preto/a	형용사	검은색의	UNIDADE X
primo/a	명사(남/여)	사촌	UNIDADE IV
problema	명사(남)	문제	UNIDADE VIII
procurar	동사	찾다	UNIDADE VIII
professor(a)	명사(남/여)	교수, 선생	UNIDADE IV
profissão	명사(여)	직업	UNIDADE IV
programa	명사(남)	프로그램	UNIDADE XII
prova	명사(여)	시험	UNIDADE VI
provar	동사	증명하다, 시도해보다, 시험해보다	UNIDADE X
próximo/a	형용사	가까운, 다음의	UNIDADE VI
puro/a	형용사	순수한	UNIDADE IX
qual	의문사	무엇, 어느 것, 어느, 어떤	UNIDADE III
quando	의문사	언제	UNIDADE VI
quanto	의문사	얼마의	UNIDADE VI
quarto	명사(남)	방	UNIDADE V
que	의문사	무엇, 어느, 어떤	UNIDADE VI
quem	의문사	누가, 누구	UNIDADE III
quente	형용사	더운, 따뜻한, 뜨거운	UNIDADE VII
querer	동사	원하다	UNIDADE IX
quieto/a	형용사	조용한	UNIDADE IV
rádio	명사(남)	라디오	UNIDADE XI
raiva	명사(여)	노여움, 화	UNIDADE IX
rapaz/rapariga	명사(남/여)	청년/아가씨	UNIDADE IV
rápido/a	부사, 형용사	빨리, 빠른	UNIDADE VIII
receber	동사	받다	UNIDADE XII
refeitório	명사(남)	구내식당	UNIDADE IX
refrigerante	명사(남)	탄산음료	UNIDADE IX

단어	품사	뜻	과정
religião	명사(여)	종교	UNIDADE VI
relógio	명사(남)	시계	UNIDADE VI
repetir	동사	반복하다	UNIDADE X
reserva	명사(여)	예약	UNIDADE IX
responder	동사	대답하다	UNIDADE XII
restaurante	명사(남)	식당	UNIDADE IX
reunião	명사(여)	모임, 회의	UNIDADE XII
revista	명사(여)	잡지	UNIDADE XII
rico/a	형용사	부자의, 부유한	UNIDADE IV
rio	명사(남)	강	UNIDADE V
romântico/a	형용사	낭만적인	UNIDADE XII
rosa	명사(여)	장미, 분홍색	UNIDADE X
rosto	명사(남)	얼굴	UNIDADE II
rotina	명사(여)	일상생활	UNIDADE VI
roupa	명사(여)	옷, 의복	UNIDADE X
rua	명사(여)	길	UNIDADE VIII
ruim	형용사	나쁜	UNIDADE II
saber	동사	알다	UNIDADE IX
sabor	명사(남)	(간접적인 경험을 통해) 알다, …을 할 줄 알다	UNIDADE IX
sacola(B) / saco(P)	명사(여)	쇼핑백	UNIDADE X
saia	명사(여)	치마	UNIDADE X
saída	명사(여)	출구, 퇴장	UNIDADE VIII
sair	동사	나가다, 데이트하다	UNIDADE VI
sal	명사(남)	소금	UNIDADE IX
sala	명사(여)	거실, 교실, 회의실	UNIDADE V
salada	명사(여)	샐러드	UNIDADE IX
salgado/a	형용사	짠	UNIDADE IX
sanduíche(B) / sandes(P)	명사(남)	샌드위치	UNIDADE IX
sapataria	명사(여)	신발가게	UNIDADE VIII

단어	품사	뜻	과정
sapato	명사(남)	신발	UNIDADE X
satisfeito/a	형용사	(식사시) 배부른, 만족한	UNIDADE IX
saudade	명사(여)	그리움	UNIDADE IX
saudável	형용사	건강한	UNIDADE IX
saúde	명사(여)	건강	UNIDADE IX
seco/a	형용사	건조한, 마른	UNIDADE VII
segundo	명사(남)	초	UNIDADE VI
sem	전치사	…없이	UNIDADE XII
semana	명사(여)	주	UNIDADE VI
sempre	부사	늘, 항상	UNIDADE VI
senhor(a)	명사(남/여)	…씨	UNIDADE III
senhorita	명사(여)	…양	UNIDADE III
ser	동사	…이다	UNIDADE III
seu/sua	소유사	너의, 당신의	UNIDADE III
sexo	명사(남)	성별	UNIDADE I
si	전치사목적격 대명사	그/그녀/당신 자신을, 그/그녀/당신에게	UNIDADE X
significar	동사	의미하다	UNIDADE II
sim	부사	네, 응, 그래(요)	UNIDADE III
simpático/a	형용사	상냥한, 호감의	UNIDADE IV
simples	형용사	단순한, 소박한	UNIDADE IV
só	부사, 형용사	단지, 오직	UNIDADE X
sobre	전치사	…에 대해, … 위에	UNIDADE V
sobremesa	명사(여)	디저트, 후식	UNIDADE IX
sobrenome	명사(남)	성(姓)	UNIDADE III
sobrinho/a	명사(남/여)	조카	UNIDADE IV
sofá	명사(남)	소파	UNIDADE V
sol	명사(남)	태양, 해	UNIDADE VII
soldado	명사(남)	군인	UNIDADE IV
solteiro/a	형용사	미혼의	UNIDADE IV

단어	품사	뜻	과정
som	명사(남)	소리, 스피커, 오디오	UNIDADE V
sono	명사(남)	잠, 졸음	UNIDADE IX
sopa	명사(여)	국, 스프	UNIDADE IX
sorte	명사(여)	운, 행운	UNIDADE III
sorvete(B) / gelado(P)	명사(남)	아이스크림	UNIDADE IX
sozinho/a	형용사	혼자의, 홀로	UNIDADE V
subir	동사	오르다	UNIDADE XI
suco(B) / sumo(P)	명사(남)	주스	UNIDADE IX
suéter	명사(남)	스웨터	UNIDADE X
suficiente	형용사	충분한	UNIDADE X
sujo/a	형용사	더러운	UNIDADE IX
sul	형용사	남쪽의	UNIDADE VIII
supermercado	명사(남)	슈퍼마켓	UNIDADE VIII
tamanho	명사(남)	크기	UNIDADE X
também	부사	…도 역시	UNIDADE III
tanto/a	부사, 형용사	많이, 그렇게나 많은	UNIDADE XI
tão	부사	매우, 아주	UNIDADE XI
tapete	명사(남)	카페트	UNIDADE V
tarde	명사(여), 부사	오후, 늦게	UNIDADE III
tarefa(B) / trabalho(P)	명사(여)	과제, 숙제	UNIDADE VI
tarifa	명사(여)	요금	UNIDADE VIII
táxi	명사(남)	택시	UNIDADE VIII
tchau	감탄사	(헤어질 때 인사) 안녕	UNIDADE III
te	목적격대명사, 재귀대명사	너를, 너에게	UNIDADE X
teatro	명사(남)	극장, 연극	UNIDADE XII
telefonar	동사	전화하다	UNIDADE XII
telefone	명사(남)	전화	UNIDADE V
televisão / TV	명사(여)	텔레비전	UNIDADE V
tempero	명사(남)	양념	UNIDADE IX

단어	품사	뜻	과정
templo	명사(남)	절	UNIDADE VI
tempo	명사(남)	시간	UNIDADE VII
tênis(B) / ténis(P)	명사(남)	운동화, 테니스	UNIDADE X
ter	동사	가지다, 소유하다, 있다	UNIDADE IV
terminar	동사	끝내다, 끝나다	UNIDADE VI
terno(B) / fato(P)	명사(남)	양복	UNIDADE X
terra	명사(여)	땅, 토지	UNIDADE IX
teu/tua	소유사	너의	UNIDADE III
ti	전치사목적격 대명사	너를, 너에게	UNIDADE X
tímido/a	형용사	소심한, 내성적인	UNIDADE IV
tio/a	명사(남/여)	고모부, 이모부, 아저씨/고모, 이모, 아줌마	UNIDADE IV
tipo	명사(남)	종류	UNIDADE X
tocar	동사	건드리다, (벨을) 울리다, 치다	UNIDADE V
todo/a	부정대명사, 부정형용사	모두의, 모든	UNIDADE VI
tomar	동사	마시다, 먹다, 타다, 하다	UNIDADE VI
tomate	명사(남)	토마토	UNIDADE IX
tornar	동사	…이 되게 하다	UNIDADE VI
trabalhar	동사	일하다	UNIDADE IV
tranquilo/a	형용사	조용한	UNIDADE IV
trânsito	명사(남)	교통량	UNIDADE VIII
trazer	동사	가져오다	UNIDADE IX
trem(B) / comboio(P)	명사(남)	기차	UNIDADE VIII
triste	형용사	슬픈, 울적한	UNIDADE IV
trocar	동사	교환하다, 바꾸다	UNIDADE X
tu	인칭대명사	너	UNIDADE III
tudo	부정대명사	모든 것	UNIDADE III
turma	명사(여)	동기, 반	UNIDADE XI
último/a	형용사	마지막의, 최후의	UNIDADE VI

단어	품사	뜻	과정
um/uma	부정관사	어떤, 하나의	UNIDADE I
universidade	명사(여)	대학	UNIDADE III
usar	동사	사용하다	UNIDADE X
uva	명사(여)	포도	UNIDADE IX
vários/as	형용사	다양한	UNIDADE IV
vazio/a	형용사	텅 빈	UNIDADE V
velho/a	형용사	낡은, 늙은, 오래된	UNIDADE IV
vender	동사	팔다	UNIDADE X
vento	명사(남)	바람	UNIDADE VII
ver	동사	보다	UNIDADE XI
verdade	명사(여)	사실, 진실	UNIDADE II
verde	형용사	녹색의, 초록색의	UNIDADE X
vergonha	명사(여)	망신, 부끄러움, 창피	UNIDADE IX
vermelho/a	형용사	빨간색의, 붉은색의	UNIDADE X
vestido	명사(남)	드레스, 원피스	UNIDADE X
vestir	동사	(옷을) 입히다	UNIDADE X
vez	명사(여)	…번, 차례, …회	UNIDADE VI
viagem	명사(여)	여행	UNIDADE XI
viajar	동사	여행하다	UNIDADE XI
vida	명사(여)	삶, 인생	UNIDADE IV
vídeo	명사(남)	비디오	UNIDADE XI
vinho	명사(남)	와인	UNIDADE IX
violeta	형용사	보라색의	UNIDADE X
vir	동사	오다	UNIDADE VI
viver	동사	살다	UNIDADE V
vizinho/a	형용사	이웃의	UNIDADE V
você	인칭대명사	너, 당신	UNIDADE III
voltar	동사	돌아가다, 돌아오다	UNIDADE VI
xícara(B) / chávena(P)	명사(여)	찻잔	UNIDADE IX

사진 출처

UNIDADE I

p15 *CPLP – Mapa* by Cristiano Tomás, CC BY-SA 4.0
https://commons.wikimedia.org/w/index.php?curid=77196210

UNIDADE V

p82 *República do Galifões1* by 69joehawkins, CC BY-SA 3.0
https://commons.wikimedia.org/w/index.php?curid=27239150

UNIDADE VIII

p113 *São Paulo Subway - A yellow session. People going home* by Surian, CC BY-SA 3.0
https://commons.wikimedia.org/w/index.php?curid=22035096

UNIDADE VIII

p122 *Táxi - Rio de Janeiro, Brasil* by Agência CNT de Notícias, CC BY 2.0
https://commons.wikimedia.org/w/index.php?curid=20806817
São Paulo metro, Palmeiras Barrafunda station by Wilfredor, CC BY-SA 4.0
https://commons.wikimedia.org/w/index.php?curid=44568183
Traffic congestion, Sao Paulo, Brazil by Mario Roberto Duran Ortiz Mariordo, CC BY 3.0
https://commons.wikimedia.org/w/index.php?curid=3681069

UNIDADE IX

p123 *Feijoada 01,* CC BY-SA 3.0
https://commons.wikimedia.org/w/index.php?curid=28225
Korean.food-Hanjungsik-01 by http2007, CC BY 2.0
https://commons.wikimedia.org/w/index.php?curid=2166888
Indiandishes by kspoddar,CC BY-SA 2.0
https://commons.wikimedia.org/w/index.php?curid=4773647
Hamburger sandwich by Ericd, CC BY-SA 3.0
https://commons.wikimedia.org/w/index.php?curid=86945

p139 *Roasted coffee beans* by MarkSweep, Public domain
https://commons.wikimedia.org/w/index.php?curid=41936
A small cup of coffee by Julius Schorzman, CC BY-SA 2.0
https://commons.wikimedia.org/w/index.php?curid=107645
Sacos de café, Casa do Bandeirante 2 by Dornicke, Public domain
https://commons.wikimedia.org/w/index.php?curid=8253566
Coffee Plantation by Fernando Rebêl, CC BY-SA 3.0
https://commons.wikimedia.org/w/index.php?curid=107645

UNIDADE XI

p170 *ConfedCup2013Champions3* by Tânia Rêgo/ABr, CC BY 3.0 BR
https://commons.wikimedia.org/w/index.php?curid=27027811
Taça Guanabara de 2008 by Pedro Lopez, CC BY 2.0
https://commons.wikimedia.org/w/index.php?curid=5835731

UNIDADE XII

p183 *Pier 21 Brasilia* 02 by Luis Dantas, Public domain
https://commons.wikimedia.org/w/index.php?curid=2473834
Palacio dos Festivais by EMP, CC BY-SA 3.0
https://commons.wikimedia.org/w/index.php?curid=2634924
Vinicius by Ricardo Alfieri, Public domain
https://commons.wikimedia.org/w/index.php?curid=4309420

포르투갈어 표준 교재 A1

초판 인쇄	2019년 11월 20일
초판 발행	2019년 11월 27일

지은이	임소라, 이승용
발행인	김인철
총괄 · 기획	가정준 Director, University Knowledge Press
편집장	신선호 Executive Knowledge Contents Creator
기획 · 물류	이현진 Planning Expert
사전 · 도서편집	정준희 Contents Creator
전자책 · 도서편집	장혜린 Contents Creator
도서편집	이병철 Contents Creator
	이근영 Contents Creator
재무관리	하누리 Managing Creator
발행처	한국외국어대학교 지식출판콘텐츠원 02450 서울특별시 동대문구 이문로 107 전화 02)2173-2493~7 팩스 02)2173-3363 홈페이지 http://press.hufs.ac.kr 전자우편 press@hufs.ac.kr 출판등록 제6-6호(1969. 4. 30)
디자인 · 편집	(주)이환디앤비 02)2254-4301
인쇄 · 제본	네오프린텍(주) 02)718-3111

ISBN 979-11-5901-645-5 14770　　정가 26,000원
ISBN 979-11-5901-652-3 (세트)

*잘못된 책은 교환하여 드립니다.

불법복사는 지적재산을 훔치는 범죄행위입니다.
저작권법 제136조(권리의 침해죄)에 따라 위반자는 5년 이하의 징역 또는 5천만 원 이하의 벌금에 처하거나 이를 병과할 수 있습니다.

HUiNE은 한국외국어대학교 지식출판콘텐츠원의 어학도서, 사회과학도서, 지역학 도서 Sub Brand이다. 한국외대의 영문명인 HUFS, 현명한 국제전문가 양성(International +Intelligent)의 의미를 담고 있으며, 휴인(携引)의 뜻인 '이끌다, 끌고 나가다'라는 의미처럼 출판계를 이끄는 리더로서, 혁신의 이미지를 담고 있다.

이 책의 음원(mp3)은 한국외국어대학교 지식출판콘텐츠원 홈페이지 (press.hufs.ac.kr) - 게시판 - 자료실에서 다운받아 사용하시기 바랍니다.